Joachim Sondern
Lotar Martin Kamm

# Buergerstimme - Journalismus am Puls der Gesellschaft

Joachim Sondern
Lotar Martin Kamm

# Buergerstimme - Journalismus am Puls der Gesellschaft

## Zeit für Veränderungen

Bloggingbooks

**Impressum / Imprint**
Bibliografische Information der Deutschen Nationalbibliothek: Die Deutsche Nationalbibliothek verzeichnet diese Publikation in der Deutschen Nationalbibliografie; detaillierte bibliografische Daten sind im Internet über http://dnb.d-nb.de abrufbar.


Bibliographic information published by the Deutsche Nationalbibliothek: The Deutsche Nationalbibliothek lists this publication in the Deutsche Nationalbibliografie; detailed bibliographic data are available in the Internet at http://dnb.d-nb.de.


Coverbild / Cover image: www.ingimage.com

Verlag / Publisher:
Bloggingbooks
ist ein Imprint der / is a trademark of
AV Akademikerverlag GmbH & Co. KG
Heinrich-Böcking-Str. 6-8, 66121 Saarbrücken, Deutschland / Germany
Email: info@bloggingbooks.de

Herstellung: siehe letzte Seite /
Printed at: see last page
**ISBN: 978-3-8417-7130-8**

**Inhaltsverzeichnis**

## Vorwort

### Was ist der “Journalismus am Puls der Gesellschaft”?

Eine notwendige neue Form zum klassischen Journalismus. Hier werden besondere Informationen verfasst, die im Mainstream oft untergehen. Dadurch werden viele komplexe Themen verständlicher, was gerade in der heutigen Zeit nötig ist. Die Buergerstimme ist eines von sehr wenigen Gegengewichten zum medialen Establishment, das seine kritische Distanz zur Regierung aufgegeben hat, die Interessen ihrer Besitzer und Anzeigenkunden über das der Demokratie stellt und Alternativen zum heutigen System totschweigt. Wer die Buergerstimme unterstützt, stärkt die Demokratie und gibt Alternativen zur angeblichen Alternativlosigkeit eine Chance.

Nachhaltiger Qualitätsjournalismus ist das Herzstück des eigentlichen, demokratischen Gedankens, die vierte unabhängige Gewalt, welche stets zum Wohle aller Menschen agieren sollte. Leider ist dies gegenwärtig kaum noch der Fall: Etablierte Medienlandschaften setzen aus finanziellen Abhängigkeitsgründen auf „sensationsgesteuerte“ Massenberichterstattung, können und wollen sich investigativen Hintergrundjournalismus nicht mehr leisten.

Infolgedessen hat sich die Medienlandschaft zu einem finanzgesteuerten Interessenwerkzeug entwickelt. Aus diesem Grund haben wir Buergerstimme vor über 4 Jahren ins Leben gerufen, um einen nachhaltigen, investigativen Journalismus aufzubauen – aktive Berichterstattung am Puls der Gesellschaft. Uns geht es darum, Themen anzusprechen, die das Potenzial besitzen, menschlich direkt etwas zu verändern. Dabei setzen wir auf Hintergrundberichterstattung, aber ergänzend dazu auch auf den verbindenden, humanen Mehrwert.

Alltagsthemen sowie freie Gedanken finden ebenso ihren Platz zwischen Brennpunktthemen aus Politik und Wirtschaft wie kulturelle Themen, die in unser aller Leben mindestens so wichtig sind wie politische Abläufe. Man kann also sagen, dass Buergerstimme für einen allumfassenden, investigativen Journalismus steht, der sich für das Wohl der Menschen in jedweder Beziehung einsetzt und verbindet.

Wir möchten in ganz Europa einen schriftlichen, multimedialen, bürgernahen Journalismus umsetzen, die Medienlandschaft reformieren. Deshalb startete Buergerstimme ebenfalls international.

**Freihandelsabkommen: Freifahrtschein für eine restriktive Politik**

Im Grunde genommen kann man es sich sehr einfach machen, in dem Kritikern der Wind aus den Segeln genommen wird, um ihnen vorzuwerfen, sie würden allem Neuen viel zu skeptisch gegenüber stehen. In Wirklichkeit beinhaltet die engmaschig verzweigte Wirtschaft ein diffuses Netz aus Abkommen, Gefälligkeiten, Abhängigkeiten bis hin zu undurchschaubaren Seilschaften, an deren Trögen die Politik nebst Völkern hängen.

Kein Wunder, daß selbst Systemmedien in der Regel sich unkritisch bedeckt halten bei den neulich sich formierenden Erstgesprächen zum Freihandelsabkommen. Können wir diesem einen Freifahrtschein für eine restriktive Politik bescheinigen, die da auf uns alle zurollt?

**Totschlagargumente wie Arbeitsplätze und Wachstum haben ihren Preis**

Fast jede wirtschaftspolitische Entscheidung richtet sich nach der Erwägung, wie viele Arbeitsplätze erschaffen, ob mit ihnen das Wachstum nachhaltig angekurbelt werden kann. Dabei dringen dann ganz schnell berechtigt kritische Stimmen in den Hintergrund, Hauptsache ein nimmersatter Profit wird erzielt, hinweggefegt selbst gutdurchdachte Argumente, die dem Schutz der Umwelt, der Verbraucher gelten.

Ist das der Preis, den wir bezahlen dürfen, wenn in geplanten zwei Jahren das Freihandelsabkommen zwischen der USA und der EU die Wirtschaft ankurbeln soll? Denn tatsächlich hat die fragwürdige WTO (Welthandelsorganisation) genauso wie die Weltbank ein sehr großes Interesse an einer vollständigen Liberalisierung des Welthandels, bei der ganz besonders Großkonzerne- und farmen profitieren würden, hingegen mittlere und kleinere endgültig verschwinden. Einerseits werden schnell Bedenken wegen hormonbehandeltem Fleisch aus den USA sowie Kennzeichnungspflicht genveränderter Pflanzen zitiert, aber auch die Lockerung des deutschen Datenschutzes auf Veranlaßung der US-Amerikaner, jedoch steht viel eher im Vordergrund des Artikels, daß das krisengeschüttelte Europa in der Weltwirtschaft relevant bleibt. Der querdenkende Leser darf sich verwundert die Augen reiben, was da wohl die Mainstream-Medien reitet!

**Wer setzt sich durch: das politische Diktat oder der kritische Bürger?**

Mit einem Blick in die Vergangenheit müssen wir von ersterem ausgehen, denken wir an den Lissabon Vertrag, an beherzte Widerstände per europäische Protestbewegungen sowie die vielen kritischen Stimmen beim BUND. Letzterer befürchtet völlig zurecht das Aushebeln rechtsstaatlicher Verfahren von möglichen Sondergerichten.

Im Beitrag des Bayrischen Rundfunks, "Die Schattenseite des Freihandelsabkommens" wird deutlich aufgezeigt, wohin dessen Reise tatsächlich geht: Gefährdung des Verbraucherschutzes, gar die Möglichkeit einer sogenannten Investorenschutzklausel, die den Investoren nahezu uneingeschränkte, rechtliche „Spielfelder" zu Lasten der Bevölkerung zugesteht, Umgehung des Fracking-Verbots, die Wasserprivatisierung hat freie Fahrt und Monsanto darf sich ungebremst austoben.

Noch ist es nicht zu spät, wenn denn wache Geister rechtzeitig auch hierzulande die Notbremse ziehen. Was da meist hinter verschlossenen Türen ausgehandelt wird, gilt es nach Möglichkeit unbedingt zu erfahren. Doch angesichts demokratisch raffiniert legitimierter Handlungsspielräume, die wiederum den verantwortlichen Politikern per Wählerauftrag erschaffen, wird es sehr schwer, etwas entgegensetzen außer Protesten, Petitionen und anderen Widerstandsformen. Allein der mündige Wähler hat es selbst in der Hand, sich genau von den Parteien zu distanzieren, die heute bedenkenlos das Freihandelsabkommen gutheißen. Da dürften dann wohl nicht viel übrig bleiben.

## Die Unterordnung zugunsten des Wirtschaftsdiktats

Der Zenit politisch errungener Bürger- und Menschenrechte scheint zu verblassen angesichts bevorstehender weltpolitischer Beschlüsse, nicht nur mittels 9/11 möglich gemacht, sondern darüber hinaus von langer Hand beabsichtigt planerisch strategisch ins Leben gerufen, ohne jetzt verschwörungstheoretische Modelle zu bemühen. Viel eher zeigt sich das unbedarfte Verhandeln zwischen der Europäischen Kommission und den USA, in wie weit bereits gewisse Vorschußlorbeeren verteilt sind, am Ende die heißersehnte TTIP (Transatlantic Trade and Investment Partnership) oder zu deutsch die "Transatlantische Handels- und Investitionspartnerschaft" steht, dessen fatale Folgen uns noch intensiv beschäftigen werden.

Völlig berechtigt bemerkte Dieter Hildebrandt:

"Politik ist nur der Spielraum, den die Wirtschaft ihr läßt."

Ihr

Lotar Martin Kamm

## Glücksgefühle: freie Energie durch Liebe

Komplexe Gesellschaftsordnungen setzen stets eine Einschränkung diverser Freiheitsrechte voraus. Entgegen mancher Behauptung haben Bürger jene Freiheitseingriffe meist selber zu verantworten. Solange negative Gedanken den Alltag prägen, viele Diskussionen eher einer Hexenjagd gleichen, egoistischer Ehrgeiz wächst, kann niemals wirkliche Freiheit gedeihen.

Hauptsache es finden sich dem eigenen Gewissen zum Wohle stets neue Feindbilder. Warum auch sein eigenes Handeln hinterfragen, wenn genug „Böses" vorhanden, worauf „guter Bürger" mit dem Finger zeigen darf? Wo keine Gefahr existiert, erzeugt Gattung Mensch künstliche Gefahrenquellen, zwecks eigener Gewissensberuhigung. Kaum jemand erkennt eigene Fehler, zerstört daher fremde Lebensbereiche, damit seine eigene „Perfektion" keinesfalls in Frage gestellt wird.

Sprechen Beobachter über humane Aspekte, winken gut Bürgerliche lustlos ab, samt den Worten: „Das weiß doch nun jeder Mensch – ist bestens bekannt". Warum herrscht menschlicher Entwicklungsstillstand, wenn liebevolle Umgangsarten bekannt? Wieso muss Mensch immer wieder Kriege führen? Weshalb zählen lediglich Statusebenen? Aus sozialen Ängsten heraus eliminieren Menschen jedwede Glücksgefühle, welche verantwortlich für harmonische Erdverbindungen, zum eigentlichen Lebenserhalt beitragen. Die Menschheit verwehrt sich eigentlichen Lebensquellen, verhindert ganzheitliche energetische Entwicklungen.

Zweifelsohne fatal, gehört freie Energie doch eigentlich zur Lebensgrundlage. Ergo mitnichten verwunderlich, dass Eliten selbst lebensnotwendige Ressourcen wie Wasser stufenweise privatisieren.

Menschen glauben, ihr Wesen zu kennen, tatsächlich ist allerdings Gegenteiliges der Fall; es fehlt jegliche Selbsterkenntnis, infolgedessen natürlich ebenso das Verständnis für andere Lebensarten unseres Planetens.

**Die Kunst des geduldigen Zuhörens**

Aufgrund eigener Erkennungsprozesse wächst ungeduldige Missgunst. Selten hören Menschen wirklich einander zu. Überall kommunikative technische Barrieren. Manche Menschen, mitunter geltungssüchtig, feierwütig, verkennen indes rapide Negativentwicklungen, da sie als positiv erachten, was vom Grundsatz her zerstörerische Elemente beinhaltet.

Was ist Leben? Schmetterlinge, Flüsse, Berge, Feuer, Erde, Wasser, Wind – alles Lebensfaktoren. Erst wer wahre natürliche Werte verinnerlicht, versteht komplexe Zusammenhänge. Ohne Internet, Handy oder sonstige betäubende Mechanismen inmitten freier Naturkreislaufe einfach entspannen, Naturgeräuschen lauschen, fernab industrieller Trancemechanismen, darum geht es. Viele Menschen leiden täglich, finden keinerlei Gehör, weil sie zuvor meist selber oberflächlich lebten, Mitmenschen nicht zuhören wollten.

**Kooperative Gemeinschaften**

Intensiv zuhören bedeutet, das ihm Anvertraute fernab seiner eigenen Erlebnisse bzw. Erfahrungen aufzunehmen, emotionale Blockaden aufzulösen. Antworten sollten aus dem Herzen heraus kommen, niemals kalkuliert überdacht. Die zivilisierte Gesellschaft von heute redet über- aber keineswegs miteinander. Bei Beziehungsproblemen empfehlen Freunde oftmals schnellen Partnerwechsel, gleiches trifft schematisch betrachtet auch auf andere Probleme zu. Weglaufen, betäuben und Hass schüren, Konkurrenz statt Kooperation. Ganz gleich ob Familie, Freunde, Arbeitskollegen, Sportpartner – ein stetiges Kräftemessen unterbindet kooperative Gemeinschaften.

Getreu trügerischer, anerzogener Ellenbogenbildung vergleichen Menschen mitnichten eigene Leistungswerte, sondern benötigen dazu kontinuierlich sogenannte „Gegner“, ein Wortkonstrukt, abgeleitet aus Massenwettkämpfen. Sportwettkämpfe, verzinstes Schuldgeldsystem sowie etliche weitere „Vergleiche“ ähneln zweifelsohne kriegerischen Konstrukten, zerstören wahre vertrauensvolle Liebe zwischen Menschen.

**Freie Energie – wenn Träume durch Liebe wahr werden**

Liebe ist zur Schaffung freier Energieressourcen jedoch zwingend erforderlich. Einzig tiefe, langfristige Gefühle schützen Naturkreisläufe, unabhängige energetische Quellen: Gesundheit mittels Kooperation. Gegenseitige Unterstützung ermöglicht angstfreies Miteinander. Menschen müssen einander rein gar nichts beweisen, haben vielmehr die Pflicht, aufeinander aufzupassen, füreinander einzustehen, ansonsten wäre das Leben sinnlos. Helfen, pflegen, gemeinsam Träume realisieren, lachen, Fröhlichkeit verbreiten, darin liegt der eigentliche Sinn des Lebens.

Ihr

Joachim Sondern

## Kindererziehung: vom Irrglauben schlüssiger Erziehungsmodelle

Alle Eltern können eines bestätigen, wenn sie denn neutral und vorbehaltlos ehrlich mit sich selbst ins Gericht gehen: Egal, was sie auch anstellten, während ihre Kinder heranwuchsen, es lief manches oder gar vieles verkehrt. Kommt Ihnen auch bekannt vor? Woran das wohl liegen mag?

Natürlich muß man die sogenannte Kindererziehung als eine der wichtigsten Aufgaben betrachten, die den Menschen beschäftigt, steht doch die Zukunft auf dem Spiel der Heranwachsenden, in wie weit sie zurecht kommen mögen im Leben. Doch müssen wir uns zugleich verabschieden vom Irrglauben schlüssiger Erziehungsmodelle, weil es kein Patentrezept geben kann!

## Geben und Nehmen im Einklang mit sich und seiner Familie

Das allerwichtigste Merkmal jeder Erziehung versuchte mal der deutsch-österreichische Erziehungswissenschaftler Wolfgang Brezinka zu formulieren, und zwar in seinem Werk „Metatheorie der Erziehung: Eine Einführung in die Grundlagen der Erziehungswissenschaft".

Um es auf den Punkt zu bringen: Betrachte den heranwachsenden Menschen, wie er ist und verhindere gewisse Einflüsse von außen, die ihm schaden könnten. Leichter formuliert, als in die Praxis umzusetzen. Es reicht eben nicht aus, solch theoretische Vorhaben zu äußern, in weitreichenden Seminaren sich pädagogische Fähigkeiten anzueignen, was ohnehin dem Großteil der Eltern versagt bleibt, sondern eine harmonische Erziehung kann nur dann fruchten, sie denn diesem Anspruch halbwegs gerecht wird, wenn die äußeren Umstände stimmig.

Familien mit großen finanziellen Sorgen haben es vielfach schwerer als abgesicherte, was nicht automatisch ein Garant für zwischenmenschliches Miteinander bedeuten mag. Doch ein Kreislauf der Not, der Jobsuche, einer

Dauerarbeitslosigkeit, der Verarmung führt eben zu weniger Zeit, Muße und auch Freude im Alltagsgeschehen, hinzu kommt die zunehmende gesellschaftliche Isolierung zusammen mit entsprechend desolat beengten Wohnverhältnissen.

Wer also ein ideales Erziehungsklima fordert, sollte stets die gegebenen Umstände genauer hinterfragen und einbeziehen, wobei es durchaus etliche Familien gibt, wo im gegenteiligen Fall die Heranwachsenden zu wenig Beachtung erhalten, weil die gutbetuchten Eltern gänzlich durch die Jobs zu intensiv eingespannt sind. Befindet sich unsere Gesellschaft längst auf einem Weg, wo ein gewisser Familiensinn verloren geht?

**Supernanny entdeckt Beziehung und erntet Gespött – teilweise zurecht**

Menschen, die sich mal im Privatfernsehen verirrten, um beim Sender RTL die „Super Nanny" erstmalig vor knapp neun Jahren zu sehen, erinnern sich vielleicht noch an Katharina Saalfeld, die prompt ziemlich zurecht den „Preis der beleidigten Zuschauer" erhielt, weil in den Sendungen die Würde der Kinder verletzt und diese vorgeführt wurden, was im übrigen ganz zum Stil des Senders paßt, denken wir an *Big Brother*, *Dschungelcamp* und *DSDS.* Eine spätere Einsicht ihrerseits veranlaßte sie, dem Sender den Rücken zu kehren. Aber wer einmal im Fokus der Kritik, der hat es nicht ganz so einfach, wie man anhand der Reaktion zu ihrem im Verlag Kiepenheuer & Witsch erschienenem Buch „Du bist ok, so wie du bist" beobachten kann.

Die Reaktion der Kritiker folgte, sie erntete Gespött und die deutliche Ansage, daß Kinder eine starke Hand bräuchten, was immer man darunter auch verstehen mag.

Wer eine stabile Beziehung zwischen Eltern und ihren Sprößlingen wie Frau Saalfeld fordert, sollte mal einen Blick in die realen Chancen da draußen in der Gesellschaft werfen, weil das eine mit dem anderen zusammenhängt.

Wir können nicht so tun, als ob eine heile Welt existiere, obwohl eine deutlich sichtbare Gewaltzunahme vorherrscht, die Menschen zwischenmenschlich untereinander verrohen, um gleichzeitig einem Ideal nachzueifern, welches sich nicht umsetzen läßt.

Andererseits muß man ihr zugute halten, daß sie von dem Image einer Supernanny wegkommen möchte, sie zurückfindet auf gezielte Fragestellungen der Erziehung, Kinder nicht einfach ein lästiges Problem darstellen, sondern vielmehr uns allen mehr abfordern, wollen wir sie nicht allein lassen.

Schon Johann Wolfgang von Goethe bemerkte nicht zufällig:

“Man könnt’ erzogene Kinder gebären, wenn die Eltern erzogen wären.”

Ihr

Lotar Martin Kamm

**Wer Wind sät, erntet Sturm – die Reputationslüge 2.0**

Wieder einmal ist es an der Zeit, in die tiefsten Tiefen des Kaninchenbaus vorzudringen, stürmischen Impulsen freien Lauf zu lassen, inmitten einer totalitären Weltkontrollordnung. Alle humanen Daten scheinen mittlerweile erfasst, jede vermeintlich individuelle Bewegung wird fremdgesteuert.

Ergo keinesfalls verwunderlich, dass neue Ideen blitzartig erstarren, dem manipulativen Alltag erliegen; denn trotz suggerierter Aufbruchstimmung herrscht weiterhin bürgerliche Resignation sowie Massentrance. Vorgeschriebene Demokratie, gemäß einem alten 3-Stufen-Modell, danach richten sich die Menschen noch immer. Bereits am 13.10.2011 berichtete Buergerstimme über dieses Phänomen im Artikel „Matrix 3.0: politischer Systemneustart?“. Inzwischen wurde das Matrix 3.0-System allerdings vehement beschleunigt, damit Bürger endgültig über keinerlei selbstbestimmte zeitliche Ressourcen mehr verfügen, um freiheitliche Erkenntnisse zu verinnerlichen: Reputationszwang und Zeitmanipulation verhindern jedwede freie Persönlichkeitsentfaltung.

Infolgedessen erscheinen klassische Themenbehandlungen zwar sinnvoll, wirken mitunter dennoch verworren. Warum? Nun, selbst alternative Medien agieren häufig gemäß klassischer Analysemechanismen, wollen anhand gewisser Statistiken oder Rechenmodelle Wahrheiten verkünden, Systeme entschlüsseln, weil sie Angst vor einem Reputationsverlust haben, da Reputation stets verknüpft mit systemkonformen Normen, erfolgt anerzogene Anpassung seitens vereinzelter Querdenker, gleichwohl oftmals unbewusst. Beispiel gefällig? Wer sorgenfrei leben möchte, gehorcht einem fragwürdigen Bildungssystem, in welchem keineswegs individuelle menschliche Fähigkeiten gefördert, sondern einzig systemstrategische Funktionsmechanismen vermittelt werden. Daraufhin erfolgen Eingliederungsmaßnahmen mithilfe verschiedener Studienangebote oder linientreuen Ausbildungen. Menschen, die entgegen jener

Vorgabenormen eigene Fähigkeiten selbstständig ausbauen, unabhängige Fragen stellen, landen meist im sozialen Abseits.

**Reputationsebenen basieren auf Täuschung**

Niccolò Machiavelli formulierte dazu einst treffend in seinem Buch "Der Fürst":

„Die Menschen sind so einfältig und hängen so sehr vom Eindruck des Augenblickes ab, dass einer, der sie täuschen will, stets jemanden findet, der sich täuschen lässt."

Erinnert zuweilen an die Tristesse der Anzüge in der Männerwelt. Indes heutzutage zwar weniger eindringlich, zählen Kleiderordnungen nichtsdestotrotz zum größten Manipulationswerkzeug. Jeder Verkäufer weiß, dass dem jeweiligen Anlass des Weltbildes passende Kleidung, kombiniert mit einigen Worthülsen, undenkbare Erfolge ermöglicht. Jahrhundertlange autoritäre „Anstandserziehung" unterbindet Hinterfragungen bestimmter Gesellschaftsregeln. Was zählt, ist der Augenblick. Niccolò Machiavelli erkannte dessen Wirkung bereits vor Jahrhunderten. Um Millionen Menschen zu täuschen, bedarf es eines einzigen unter ihnen, der sich täuschen lässt, und die Kettenreaktion nimmt ihren Lauf.

Eliten suggerieren dem gemeinen Volk trügerisches Reputationsstreben, weil ohne jeweiliges Reputationsdenken keine Lebenszeitmanipulation zwecks Arbeitskraftausbeutung umsetzbar wäre, seitens industrieller Hochfinanzeliten. Demzufolge könnte man annehmen, Eliten würden Entschlüsselungsfaktoren verheimlichen. Konsequent betrachtet, ist allerdings Gegenteiliges der Fall. Warren Buffett, 2008 reichster, anno 2013 drittreichster Mensch der Welt, äußerte sich bezüglich Reputation einst wie folgt:

„Es dauert zwanzig Jahre, sich eine Reputation zu erwerben und fünf Minuten, sie zu verlieren. Wenn man das im Auge behält, handelt man anders."

Resultierend daraus wird der Wirkungsgrad aller Täuschungsmechanismen ersichtlich. Menschen, bisweilen enorm betäubt, empfinden offensichtliche Wahrheiten als Ballast, widmen solchen Aussagen kaum Aufmerksamkeit, weil ihre Seele stets unter Druck steht. Einmal dem Statusprinzip verfallen, geraten Menschen direkt in endlose Abhängigkeit, verlieren jegliche selbstbestimmte Kontrolle über ihr eigenes Lebens. Arbeiten, arbeiten und nochmals arbeiten für kleine, milde Gaben. Das Ergebnis? Am Ende Jahrzehnte verschenkt, Krankheiten hingenommen und die offene Frage: „Wann habe ich wirklich gelebt?".

Ich schließe mit einem eigenen Zitat:

Reputation über alles, bedeutet den Verlust seiner eigenen Lebenszeit, wodurch keinerlei ganzheitlicher Fortschritt zum Wohle aller Menschen realistisch. Nur wer dem Lebenszeitdiktat und somit der Reputationslüge entsagt, kann positiv nachhaltige Veränderungen erwirken!

Ihr

Joachim Sondern

## Massenverblödung 2.0: Politik offenbart ihren Kurs der Ignoranz

Vor ziemlich genau einem Jahr berichtete Buergerstimme eindringlich über eine unübersehbare Massenverblödung, wie sie weitverstreut längst angekommen nahezu sämtliche Bereiche in der Gesellschaft abdeckt. Anstatt solch dermaßen dramatische Entwicklungen auch nur ansatzweise zu erkennen und entsprechend entgegen zu wirken, offenbart die Politik ihren Kurs der Ignoranz.

Alles richtet sich nach einer Wirtschaftspolitik, die längst mit den notwendigen Fäden in den Händen den Alltag diktiert, angefangen von sozialen Standards, die erheblich zu Lasten Betroffener abgebaut werden, über Arbeitsrechtbestimmungen bis hin zur empfindlichsten und vor allem wichtigsten gesellschaftlichen Säule, der Bildung, insbesondere beim heranwachsenden Nachwuchs, folglich in der Schulbildung. Was verbirgt sich hinter leichtfüßig daherkommenden Unterrichtsmaterial aus bestimmten Wirtschaftsunternehmen?

### LobbyControl und Appelle allein eine Option?

Bereits Ende April dieses Jahres wandte sich LobbyControl völlig zurecht in einem offenen Brief an die verantwortlichen Bildungsminister der Länder, um in diesem auf gezielte Methoden gewisser Lobbyisten aus der Wirtschaft hinzuweisen, in Schulen Einfluß auf den Unterricht zu nehmen. Wenige Wochen später überreichte kürzlich die kritische Plattform Stephan Dorgerloh, dem Präsidenten der Kultusministerkonferenz, einen Protestbrief, den knapp 10.000 Menschen unterzeichnet hatten.

Man muß dennoch sorgenvoll anmerken, ob all diese beherzten und folgerichtigen Appelle eine Option sein können, wissend wie träge und nahezu selbst am Tropfgeldhahn eben genau dieser Lobbyisten die verantwortliche Politik sich unterordnet, um kleinlaut beizugeben, wenn das Diktat der Finanzen den Kurs bestimmt. Nein, mit solidarischen Aktionen allein wird Politik folgerichtig nicht wirklich verändert, dazu bedarf es einer wesentlich größeren Geschlossenheit innerhalb der Gesellschaft selbst, um mit Nachdruck dem manipulativen Prozedere ein Ende zu setzen.

Anstatt das angeprangerte Anliegen ernst zu nehmen, reagiert die verantwortliche Politik exakt nach den Strategien der Wirtschaftslobbyisten, die Geschäfte mit der Bildung dürfen sich ungebremst ausbreiten. Obendrein wiegen sich die zuständigen Kultusminister in Sicherheit, sehen trotz eindeutiger Manipulation fast keinen Handlungsbedarf, eine einmal vorgegebene Leitlinie, in wie weit man von außen Ergänzungen in Bildungskonzepten zuläßt, scheint ungeprüft und kritiklos hingenommen zu werden. Der Verdacht einer Zulassung durch die Politik seitens bestimmter Wirtschaftslobbyisten gezielt Einfluß zu nehmen, bestätigt sich dadurch erst recht!

**Laisser-faire muß uns endlich wachrütteln – das Schulsystem eine Baustelle**

Was muß denn noch alles geschehen, bis die Gesellschaft endlich bemerkt, mit welch oft einfachen perfiden Mitteln sie gegängelt, manipuliert und letztlich sogar unter dem Deckmantel demokratisch legitimierter Wahlen alles hinnimmt, was eine menschenfeindliche Politik nachhaltig bestimmt? Einem solchen Laisser-faire kann man nur mit entsprechendem Widerstand begegnen. Dieser sollte sämtliche Möglichkeiten des Protestes ausschöpfen, die Politik selbst dazu bewegen, ihre Haltung nicht nur zu überdenken, sondern kritische Stimmen ernst zu nehmen, folglich der Lobbymanipulation ein Ende setzen!

Unser Schulsystem weiterhin eine Baustelle, ohne wirkliche Bemühungen im Sinne einer aufgeklärten, humanen Gesellschaft etwas zu verändern? Der große Wurf scheint immer noch auf sich warten zu lassen. Ein Grund mehr, wesentlich genauer hinzuschauen, was geschieht in unseren Schulen, wachsam zu beobachten, ob Lehrer sowie unkritische Eltern sich vom Schulsystem gängeln lassen, in wie weit man Schülern auf die Zukunft vorzubereiten gedenkt.

Die Politik stellt die Rahmenbedingungen, die Schulen befolgen die Anweisungen, aber die Schüler selbst können lediglich das erlernen, was die Gesellschaft ihnen anbietet. Oder essen Sie alles, was man Ihnen unter die Nase hält?

“Es gibt nur eins, was auf Dauer teurer ist als Bildung, keine Bildung.” (John F. Kennedy)

Ihr

Lotar Martin Kamm

**Lettland: Einführung des Euros – auch hier erneut am Volk vorbei**

Wenn im Januar des nächsten Jahres Lettland als 18. Nation den Euro als Währung einführt, geschieht dies auch hier erneut am Volk vorbei. Die Europäische Union demonstriert mal wieder dramatisch eindrucksvoll ohne jedwede Scham, in wie weit ihr die Völker real wichtig erscheinen.

In Wirklichkeit beschäftigt sich die politische Klientel einzig und allein mit den Interessenvorgaben ihrer Ziehväter der Finanzeliten und deren Wirtschaftsvertreter. Kritische Stimmen bleiben völlig unbeachtet, siegessicher wird am einmal eingeschlagenen Kurs stur festgehalten, um weiterhin die politische Show diesjährig zu unterstreichen.

**Nach EU-Enthusiasmus folgte Ernüchterung**

Im Zuge der Vorverhandlungen zur EU-Osterweiterung ließen sich die Menschen beim anfänglichen Enthusiasmus anstecken, kein Wunder, daß Lettland mit entsprechend großer Mehrheit für den EU-Beitritt stimmte. Sämtliche anfänglichen Befürchtungen, die rund ein Drittel damals äußerten, sollten sich bereits in den Folgejahren bestätigen. Erhöhte sich im Jahr 2004 noch die Inflationsrate im Vergleich zu den beiden baltischen Nachbarn, im Norden Estland und im Süden Litauen, mit EU-Beitritt auf das Doppelte, stieg also mit 2,5 bis 3 Prozent rasanter an, so verzeichnte sie zu Beginn der Finanzkrise 2007 gar über 15 Prozent. Und dann erwarteten die politischen Entscheidungsträger von der Bevölkerung ein gewisses Vertrauen zur EU-Politik?

Mit der Krise folgte absehbar ein starker Anstieg der Arbeitslosigkeit, die immerhin im August 2009 bei knapp 19 Prozent lag, nachdem kurz zuvor die EU-Kommission zur Verhinderung eines möglichen Staatsbankrotts Lettland aufforderte, sein Staatsdefizit zu verkleinern. Einerseits gelang es Ministerpräsident Domkrovskis Regierung unter Finanzminister Andris Vilks per Umsetzung des Rettungsprogramms die beim IWF ausstehenden Kredite bis Ende 2012 zurückzuzahlen, andererseits muß man dennoch die gezielte Frage in den Raum stellen, wieso nach wie vor rund ein Fünftel der Bevölkerung in Lettland armutsgefährdet sind?

**Euro-Skeptiker gewinnen die Kommunalwahlen – Rehns Experten eilen zur Stelle**

Trotz klarer Antworten in Sachen Euro-Skepsis, immerhin entschied sich allein in Riga die Bevölkerung mit 58,5 Prozent für das euroskeptische Bündnis „Zentrum der Harmonie", was allerdings die Regierung nicht davon abhält, den Beitritt zur Euro-Währung durchzuziehen. Doch des Volkes Wille wird selbst im kleinen Lettland ignoriert, gerade mal flächenmäßig so groß wie Niedersachen und Schleswig-Holstein, wobei nur rund zwei Millionen Menschen dort leben, knapp ein Drittel in der Hauptstadt Riga.

Hingegen meint das Regierungs-Koalitionsbündnis, welches nach der Septemberwahl 2011 sich aus den Parteien ZRP (Zatlers Reformpartei), der V (Vienotiba, für Einigkeit) und der NA (Nationale Allianz VL-TB/LNNK) sowie drei parteilosen Mitgliedern zusammensetzt, es müsse unbedingt den eingeschlagenen Euro-Kurs fortsetzen. Immerhin wurde mit 28,4 Prozent der Stimmen das „Zentrum für Harmonie"(SC) die stärkste Partei, was ihr allerdings nicht zu einem Regierungsbündnis verhalf, vielleicht auch gerade deshalb, weil sie dem Euro skeptisch gegenüber steht.

Und schon eilt die fragwürdige EU-Kommission zur Stelle, an dessen Spitze der finnische Politiker Olli Rehn steht, der seit drei Jahren als EU-Kommissar für Wirtschaft und Währung agiert. Was einem Charles de Gaulle nicht gelang, nämlich die EU-Kommission mit den Fouchetplänen folgerichtig zu entmachten, weil er in Europa „über" den Staaten eben keine Zukunft sah, entwickelte sich zunehmend gegenteilig, wie all diejenigen bei Inkrafttreten des Vertrags von

Lissabon schmerzhaft hinnehmen mußten, die sich mit dem EU-Diktat bis heute zurecht kritisch auseinandersetzen.

Wenn Rehns Experten zur Stelle eilen, um Lettlands Euro-Beitritt zu prüfen, dürfen wir davon ausgehen, daß dieser längst besiegelt ist! Erneut wird das Volk nicht gefragt, setzt sich die EU-Macht durch, kann man sich nur wundern, wie einfach solch einmal ins Leben gerufene politische Instrumente wie ein Selbstläufer funktionieren.

Ihr

Lotar Martin Kamm

**Politischer Konsens auf Abwegen – hinter Mauern, die wir zulassen**

In sich zusammensacken, der Passivität einen enorm großen Raum überlassen, während bestimmte Kräfte dies für sich zu nutzen wissen, um ungefragt den Bürgern immer mehr Freiheiten zu nehmen.

Wir brauchen uns nicht zu wundern, daß politischer Konsens auf Abwegen ein gewisser Stillstand faktisch bedeutet, wenn all die Finanzmacht hinter Mauern sich verschanzt, die wir zulassen, fraglos nahezu widerstandslos. Oder existiert da noch ein Restfunken an Verstand, gezielt unbeugsamen Willen, sich rechtzeitig zur Wehr zu setzen, genau das auszusprechen, was längst formuliert wurde, sich allerdings entsprechende Ventile der Durchsetzung sucht?

**Viel Bewegung ohne wirklich nachhaltige Verbesserung?**

Im Reigen einer eher pessimistisch, aber realistischen Beurteilung, muß man leider feststellen, daß trotz erheblicher Proteste die Politik es bis heute nicht verstand, wesentliche, sehr berechtigte Forderungen sich zu vergegenwärtigen oder gar umzusetzen. Vielmehr setzte sich meistens die Staatsmacht der jeweiligen Politikinteressen durch, die bekanntlich bis heute von gewissen Lobbyisten gelenkt, einfach zu funktionieren haben. Wer nicht mitzieht, verliert schnell seinen Einfluß. Der simplen Möglichkeiten, dies mit Nachdruck zu unterstreichen, gibt es etliche.

Einerseits mag man schnell sich gestärkt fühlen in solidarisch wirkender Zustimmung, wenn Zweifel als ein Grundrecht betont werden, noch mehr Proteste der Demokratie Lebendigkeit bescheinigen mögen, andererseits stellt der Vorausschauende die wirklich kritischen Fragen: Wem soll das real nutzen? Und vor allem, in wie weit führen ganze Protestbewegungen zu einer nachhaltigen Verbesserung?

Klar doch, die AKW-Bewegung, die gesamte Politik der Grünen, ob nun von der Ökolatsche zum Anzug oder auch als Fähnchen im Wind zum jeweiligen Koalitionspartner, zeigt doch nur zu deutlich, in wie weit fundierte Proteste und tatsächliche Änderungen vollzogen wurden: Bis auf wenige Ausnahmen blieb vieles beim Alten.

**Ein Verharren auf der Stelle – die Antworten der eigentlich Mächtigen**

Das menschliche Leben im sogenannten Miteinander wird durch ständiges Geben und Nehmen geprägt, wobei man sich fragt: Wer nimmt wem etwas, und wer gibt überhaupt? Da Politik nach wie vor als Steigbügelhalter der Finanzwirtschaftslobbyisten und Konzerne nahezu gehorsamst agiert, kann man nur noch ein Verharren auf der Stelle ihr bescheinigen. Hierzulande gilt das seit Jahrzehnten in der parteipolitischen Landschaft genau so wie in anderen zivilisiert demokratischen Staaten, beeinflußt letztlich das gesamte Weltgeschehen, ändert sich in Folge nichts am völlig unnötigen Leid der Menschen. Und so verbleibt auch eine Stagnation mit anfangs vielversprechenden Ideen, einer Protestkultur des letzten Jahres, die 2011 ihren Beginn hatte und nunmehr sich diesjährig fortsetzt.

Doch was nutzen all diese teilweise kreativ guten Ideen und äußerst wichtig formulierten Argumente, wenn am Ende die Antworten der eigentlich Mächtigen entsprechend eindeutig und somit menschenverachtend auf uns niederprasseln? In einem rabiaten Einsatz die Handlanger und Befehlsempfänger aufs eigene Volk eindreschen, nur weil dieses sich per demokratisch legitimierter Demonstration in der Pflicht sieht, die politisch Verantwortlichen an den Pranger zu stellen, welche weiterhin der Finanzmacht dienlich?

**Bequemlichkeit Ergebnis manipulierter Absicht**

Wer Zusammenhänge wirklich allumfassend begreifen möchte, sollte auch entsprechend viel Hintergrundwissen sich aneignen, querdenken und dazu bereit sein, mal nicht alles ungefiltert anzunehmen, was da so aufgetischt wird seitens gezielter Fehlinformationen. Klingt ein wenig abgehoben oder abstrakt? Wer hinter die Kulissen schaut, lächelt darüber müde, wissend, wie mit einfachen Mitteln die Bequemlichkeit so mancher Zeitgenossen gefördert werden kann. Bloß nicht selbst denken, andere richten es schon. Falsch!

Eine derartige Einstellung begünstigt jedwede Politik, die desinteressierten Wähler für sich zu gewinnen, ein paar Wahlversprechen, ein wenig Hetze, besonders gern auf Minderheiten oder Schwächere, die keine Lobby hinter sich wähnen, und schon funktionieren die niederen Beweggründe einer Neid- und Mißgunstgesellschaft, zumal für genügend Ablenkung gesorgt mittels Spaß und Spiele, Fernsehen und PC.

Erst wenn das Leid im Lande groß genug, wächst die Zahl der Aufwachenden mal wieder. Ob es dann zu spät sein wird, weil fast sämtlich errungenen Bürgerrechte eingeschränkt oder abgeschafft wurden, wird die Zukunft zeigen. Keine Proteste, keine Widerworte oder Schriften gegen eine verfehlte Politik geschehen nur aus Lust und Laune, sie sind das Ergebnis einer viel zu langen Duldung von Ungerechtigkeiten, die es zu benennen gilt!

Ut ameris, amabilis esto – Um geliebt zu werden, sei liebenswürdig.

Ihr

Lotar Martin Kamm

## Das Angstszenario: EU-Finanzdiktatur und Überwachung

Die demokratischen Defizite der Europäischen Union existieren nicht erst seit PRISM und ESM. Bereits Mitte der 90er Jahre offenbarten politische Akteure das wahre europäische Unionsgesicht; nach außen den Völkern stets ein friedliches Wohlstandseuropa suggeriert, wurde hinter einem fragwürdigen scheindemokratischen Nebelschleier Massenarmut implementiert, Überwachungspläne explizit ausgearbeitet.

Damit die EU-Finanzdiktatur sich festigen konnte, vergaben Banken von 1995 bis 2005 fleißig bürgerliche Kredite. Wer Arbeit hatte oder über entsprechende Bilanzen verfügte, erhielt in diesem Zeitraum äußerst schnell entsprechende Darlehen, meistens zwecks Befriedigung konsumorientierter Reputationsaufwertung. Ganz gleich ob für Urlaub, neues Auto, Hausfinanzierung – Kredite, der Mentalität angepasst, ermöglichten europäischen Bürgern kurzweilige Wohlstandshochgefühle. Demzufolge enorm geblendet, im Wohlstand suhlend, merkte indes kaum jemand, dass jene Kredite dazu dienten, Bürger von lobbyistischen Organen abhängig zu machen.

## Realwirtschaft ausgebeutet zum Wohle des Finanzmarktlobbyismus

Selbstverständlich folgte umgehend das böse Erwachen: Plötzlich fielen die Löhne, Lebenshaltungskosten stiegen enorm, neue Kredite für Tilgungen vorangegangener Zahlungslasten konnte sich kein Arbeiter mehr leisten. Ergo müssen diese bis dato jedwede staatlichen bankenorientierte Industrieentscheidungen hinnehmen, um ihre einst angehäuften Verbindlichkeiten irgendwie auszugleichen.

Infolgedessen war die Einführung der Euro-Gemeinschaftswährung im Jahr 2002 unverantwortlich. Hochfinanzeliten, dank Euro bestens hofiert, pokerten sofort mit dem neuen Währungssystem, Bürger erlagen ihrer Schuldenlast aufgrund fehlender leistungsorientierter, eigener Währung. Europas

Bevölkerung durch Banker in die Schuldenfalle gelockt, wodurch seit Euroeinführung, unabhängig jeweiliger mentaler Prägungen, jedes Volk gezwungen wurde, gleiche Leistungen zu erbringen.

Getreu dem Motto: Wer selbst im Glashaus sitzt, wird unsere Position mitnichten gefährden, wussten Verantwortliche Fadenzieher sehr wohl um die Armutsgefahr, ausgelöst mittels einstiger „großzügiger“ Kredite. Bürger, ängstlich erstarrend vor sozialen Ghettos, gehorchten brav, duldeten sämtliche finanzielle Erpressungen. Wer folglich die Wurzeln der heutigen Europäischen Finanzkrise sucht, muss demnach vorangegangene, bewusst projizierte „Bürgerschuldenkrisen“ etwas näher betrachten. Damalige Kreditüberflutungen sensibilisierten ganze Volksmassen hinsichtlich sämtlicher Schuldensysteme.

Unter jenem Druck waren der grundlegende, wirtschaftliche Qualitätseinbruch sowie gesundheitliche Folgen absehbar. Anfangs eigenständig, stabil ist die reale Leistungswirtschaft inzwischen abhängig von Finanzmarktlobbyisten, welche samt Kreditflut überhaupt erst deren Schwächung verursachten.

**Euro provoziert Krawalle – Verschärfung der Überwachung**

Anno 2013: Inzwischen etliche Zusammenhänge erkannt, duldet kein europäisches Volk, außer Deutschland, mehr gewissenlosen Finanzmarktlobbyismus. Sie wehren sich, erheben ihre Stimme gegen Hochfinanzeliten. Dass der Euro irgendwann solche Szenarien provozieren würde, war Eliten längst bekannt. Somit blieb ausreichend Zeit, geheime Überwachungswerkzeuge ausgiebig zu testen, Geheimtruppen wie Eurogendfor auszubilden. Absurde Polizeigewalt, PRISM, Internetdatendrosselung sowie diverse andere Mechanismen kontrollieren heute alle menschlichen Lebensabläufe.

Erst ESM, dann massive installierte Überwachungssysteme kombiniert mit ideologischer Systemgewalt. Das Resultat? Europaweit endgültiger Verlust demokratischer Werte!

Ihr

Joachim Sondern

## Fanatismus – vom grenzenlosen Hass sich übersteigernder Ideologien

Jede Form der Gewalt muß mit aller gebotenen Entschiedenheit negiert werden, will Mensch sich nicht in ihren Strudel der Eskalation ziehen lassen. Das gilt genauso für die unübersehbaren Ereignisse wie Prügeleien auf den Schulhöfen, vor und in Discotheken, in Kriegen oder beim Terror.

Aber ebenso sollte man die versteckten Formen der Gewaltausübung keineswegs unterschätzen oder gar ignorieren, die weltweit in einer gewissen Selbstverständlichkeit stattfinden, wie wir beim Sozialabbau, dem Raubbau der Ressourcen, den Landenteignungen, den Hungersnöten, den Lebensmittelspekulationen, an den täglichen Demütigungen mittels Mobbing, Vergewaltigungen und besonders den psychischen Unterdrückungsmechanismen feststellen. Der Ursprung all dieser Gewaltexzesse findet sich sehr oft im Fanatismus, dessen Folgen vom grenzenlosen Haß sich übersteigernder Ideologien die Opfer belasten.

## Überzeugung wider jedweder Logik?

Oder bestimmt das Wesen der trügerischen Illusion, die einzig wahre Erkenntnis für sich zu beanspruchen, um nur diese Meinung nach außen vertretend zu dulden? Daß aus dem Lateinischen entsprungene *fanaticus* für „göttlich inspiriert“ zunächst harmlos wirkend, was die Bedeutung bzw. die Übersetzung anbelangt?

In der angewandten Praxis haben sich Betroffene der Autorität all den heftigen Erscheinungsformen des Fanatismus auseinander zusetzen.

Denken wir an religiöse, politische oder auch banal wirkende Gruppierungen wie Fußballfans, die allesamt eines gemein haben: Sie halten mit nahezu missionarischem Eifer an ihrer Grundhaltung und ihren Überzeugungen fest.

Das ganze Ausmaß der fanatischen Gesinnung entfaltet sich mit Nachdruck, wenn jedwede kritische oder hinterfragende Äußerung fällt. Kein Wunder, daß es Aussteiger aus solchen Gruppierungen besonders schwer haben, denken wir an die Scientologen, die extremistisch ultrarechten – oder linken politischen Flügel. Fanatismus letztendlich darüber hinaus die höchste Form der Intoleranz, eines Scheuklappendenkens bis hin zu mörderischen Gewaltexzessen? Wer hierbei schönredet, hat das Wesen dieser dramatischen Erscheinungsform nicht wirklich verinnerlicht.

**Humanismus und Liebe eine moderate Antwort**

Werfen wir einen Blick in die Umwelt, in die Natur. Nur der Homo sapiens lebt in all seinem denkwürdigen Haß Fanatismus dermaßen penetrant aus, im Gegensatz zur Tierwelt. Genau deshalb orientieren sich Menschen am Wesen der Schöpfung, dessen größte Kraft, nämlich die Liebe, keinerlei Fanatismus im Ansatz zulassen kann, daher dieser im Keim ersticken sollte.

Der Rest offenbart sich im angewandten Humanismus, obwohl immer wieder Haß und Zerstörung nach fanatischen Handlungsweisen uns die grenzüberschreitenden Extreme verdeutlichen, besonders Idole und der damit verbundene Personenkult entscheidend das Lemmingverhalten unterstreichen, wenn die Ohnmacht der Schwachen zunimmt. Wehe denjenigen, die den Mut haben, Fanatismus entgegen zu treten! Dann bleibt nur noch der Widerstand bis zum Äußersten, weil rastlose Bösartigkeit mit Gewaltlosigkeit in der Regel nicht beendet werden kann. Das verdeutlicht unsere Historie, darf man als gelebten Erfahrungswert feststellen.

“Geistlose kann man nicht begeistern, aber fanatisieren kann man sie.”
(Marie von Ebner-Eschenbach)

“Ein Fanatiker ist – in psychologischen Begriffen definiert – ein Mensch, der bewußt einen geheimen Zweifel überkompensiert.” (Aldous Huxley)

Ihr
Lotar Martin Kamm

## Kindergartenalter: Die Welt im Spiel ohne Belehrung entdecken

In manchen Köpfen spukt die Gewißheit, daß bereits nach einem halben Jahr, eventuell gar noch früher, ihre Kinder in die Hände einer Kinderkrippe oder einer Tagesmutter gut versorgt sich weiter entwickeln dürfen, während Mama und Papa berufsbedingt das nötige Geld heranschaffen, die eigene Karriereleiter erklimmen.

Man mag dies gutheißen oder aber ein wenig streng sich ins Gewissen reden und es einfach lassen, um den eigenen Sprößlingen die äußerst wichtige Nestwärme, die Elternliebe ganztags zu gönnen.

Drei Jahre nach der Geburt sprechen wir dann vom allgemein definierten Kindergartenalter, bis die Schulzeit ihren Anfang nimmt. Unter Gleichgesinnten für ein paar Stunden dem Elternhaus entfleucht die Welt im Spiel ohne Belehrung entdecken – was kann es schöneres geben? Doch in wie weit gestaltet sich der eigentliche Alltag in Kindergärten?

### Das Abnicken zugunsten einer herzlosen Leistungsgesellschaft

Früh übt sich. Diesem Gedankengang gehorchen all jene, die meinen, sich einer herzlosen Leistungsgesellschaft unterordnen zu müssen. Es wird sich nach den Vorgaben eines gnadenlosen Konkurrenzkampfes in der Wirtschaft gerichtet, das gesamte Berufsleben von der Lehre bis zum Manager oder Chefsessel der eigenen Firma, vom gutbezahlten Pöstchen bis zum Berufsschullehrer selbst – das Diktat einer erfolgsorientierten Berufswelt bestimmt das Miteinander, wo Verlierer auf der Strecke bleiben, Sieger sich ihren Platz erkämpfen. Was kann da besser fruchten, als möglichst früh die heranwachsenden Menschenleben zu trimmen, um bestens vorbereitet ihnen Wege anzubieten. Das „Ländle“ möchte seiner Rolle gerecht werden, denken wir an die fragwürdige Pisa-Studie, Bildung frühzeitig fördern mit einem Bildungsplan auch für den Kindergarten.

Auf den ersten Blick wirkt es positiv, obwohl der kritische Betrachter bereits ins Stutzen gerät, wenn schon gleich zu Beginn der Hinweis folgt, Freude am Spielen stehe nach wie vor im Mittelpunkt. Anlaß genug, dem Spielen mehr Beachtung zu schenken, liebe Leser.

**Nicht lernen ist angesagt, sondern das Spielen selbst**

Albert Einstein formulierte nicht zufällig nur aus seiner Sicht, daß Spielen die höchste Form der Forschung sei, sondern das bestätigen all jene, die nicht gleich den Vorgaben einer bildungspolitischen Konzeption erliegen, die den Menschen möglichst früh in die Welt des Konkurrenzdenkens heranführen möchte, wenn auch im Gewande einer angeblich fundierten Pädagogik. Diese ordnet sich einfach dem Wirtschaftsdiktat unter, welches entsprechende Weichen stellt, nach dem sich alles zu richten hat.

Kein geringerer als Salman Ansari, der deutlich mit dazu beitrug, in der Odenwaldschule „aufzuräumen", der sagte, wie es dort war, meldete sich jetzt jüngst zu Wort, indem er Frühförderung anprangert. Wenn Ansari im Interview antwortet: „Ich möchte, dass die Kinder selbst eine Art Lösungsweg finden und nicht einfach nur Wissen anhäufen.", dann entspricht dies exakt der Auffassung, ihnen viel eher Raum für Phantasie zu überlassen, der ohnehin in einer Welt der Reizüberflutung verloren geht. Und schon befinden wir uns erneut beim Spielen, selbst dem freien Spielen zuviel Bedeutung beizumessen, kann genauso verkehrt sein wie die ganze Palette anspruchsvoller Spiele. Es kommt hierbei darauf an, allen Bedürfnissen der Kinder gerecht zu werden. Sicherlich keine leichte Aufgabe, wenn man bedenkt, welchen Einflüssen sie in einer Welt des TVs und Internets ausgesetzt sind, zumal dabei ein hohes Maß an Passivität vermittelt sowie Vorprogrammierung zu Übergewicht und späterem Suchtverhalten dadurch begünstigt wird.

In anderen Worten, gerade das freie Spielen, in dem Kinder selbst bestimmen, eben nicht irgend einem Programmablauf folgend agieren dürfen, sollte einen höheren Stellenwert erhalten – gönnen wir es ihnen. Diese drei bis vier Jahre Kindergarten sollte niemals als Schulvorbereitung interpretiert werden, ganz besonders deshalb, weil das Schulsystem selbst ohnehin grundlegend erneuert werden müßte!

Wie sagte schon Jacques-Yves Cousteau so zutreffend:

“Spielen ist eine Tätigkeit, die man gar nicht ernst genug nehmen kann.”

Ihr

Lotar Martin Kamm

**Finanzkrise Europa: Spanien, Santa Cruz de Teneriffa hautnah**

Jede Tageszeitung, sämtliche Blogs berichten über Spaniens Krise. Meist analysieren diverse Medien „stumme“ Statistiken, versuchen anhand rechnerischer Fakten, das Leid der dort lebenden Menschen aufzuzeigen.

So lässt sich natürlich nur sehr begrenzt verdeutlichen, was Spanier derzeit fühlen oder wie sie diversen Krisenfaktoren entgegentreten, mitunter entstehen sogar haltlose Feindbilder. Sind Südländer tatsächlich faul, wie einst seitens etablierter Medien suggeriert? Haben Spanier Angst vor dem Verlust ihrer traditionellen Lebenskultur? Was passiert wirklich auf Spaniens Straßen? Buergerstimme suchte nach Antworten im kanarischen Ferienparadies Santa Cruz de Teneriffa.

**Santa Cruz de Teneriffa – ein Ferienstadtzentrum im Umbruch**

Zugegeben, Santa Cruz de Teneriffa geht es verhältnismäßig etwas besser als zum Beispiel Madrid, dennoch hinterließ Europas Finanzkrise auch dort ihre Spuren. Besonders prekär ist das inzwischen hohe Gewaltpotenzial. Vor 5 Jahren konnten Touristen sowie Einheimische durch Santa Cruz de Teneriffa spazieren, gänzlich ohne Polizei, da keine Gefahr bestand. Heute mitnichten denkbar; alleine im Stadtzentrum stehen Tag und Nacht zwischen 20 bis 50 Polizisten, größtenteils die Policia Canarias. Wobei tagsüber bis Abends 22 Uhr (Ladenschluss) durchaus, dank gut aufgestellter Polizeipräsenz, alles ruhig sich verhält.

Angesichts des hohen Tourismusaufkommens verhalten sich Ordnungskräfte äußerst harmonisch, sprechen lächelnd mit Bürgern, zeigen parallel jedoch dort härtere Präsenz, wo es notwendig. Etliche Polizisten lernten seit Krisenbeginn dazu, gehen keinesfalls mehr auf frustrierte Bürger los, sondern suchen das Gespräch, versuchen schlichtend aufzutreten, was des Öfteren zweifelsohne erfolgreich gelingt.

Nur einige Straßen weiter hingegen findet man den Grund für dieses nötige Polizeiaufkommen. Wo einst Geschäfte inmitten verschiedener Passagen für Leben sorgten, stehen inzwischen ganze Gebäudekomplexe leer. Kontinuierlich wechseln Geschäftsinhaber, gerade junge Menschen versuchen ihr Glück, etliche Konzepte werden durchprobiert. Dank überlagerter, globalisierter Welt, kein leichtes Unterfangen, meinen viele spanische Bürger.

**Die Stimme des Volkes – Jugend im Aufbruch**

Kaum angesprochen, offenbarte uns ein junges Pärchen innerhalb Santa Cruz de Teneriffa seine Sorgen. Es denkt, dass Spaniens Mentalität keinesfalls von außen verstanden wird. Spanien sei kein faules Land. Aufgrund eigener Lebensmentalität scheint das Ausland allerdings weiterhin abfällig über Spaniens Bevölkerung zu urteilen. Beide wollen Kinder, eine Familie gründen, sitzen nachts bei McDonald's samt kleinem Kaffee sowie Notebook, um Konzepte für ihr eigenes Unternehmen abzuwägen, explizit auszuwerten.

Während ihre Eltern teilweise verzweifeln, versuchen junge Menschen wie die Beiden, der elitären Finanzkrise entgegenzuwirken. Besonders die jüngere Generation weiß um die politischen Hintergründe, wodurch natürlich neben konstruktiven Vorgängen fortlaufend der Protest ausartet. Sie möchten leben, um zu arbeiten, und kein Volk der Welt hat das Recht dazu, die Spanier gleichzuschalten. Das Volk in Spanien hält fest an Traditionen, ihrer Lebensart. Trotzdem wissen die Menschen, was harte Arbeit bedeutet.

Zwischen Angst und Aufbruchstimmung leben alle Generationen gemeinsam von Tag zu Tag, denn so lange Länder wie Deutschland schlafen, Völker nicht gemeinsam gegen die Finanzeliten auf die Straße gehen, länderübergreifend handeln, besteht keine Hoffnung auf Zukunftsplanung.

Viele Spanier sagen, sie seien bereit für gemeinsame, europaweite Proteste – sie warten lediglich darauf, dass gerade Deutschland als Herzstück Europas aufwacht.

Zukunft oder europäischer Zusammenbruch? Nächtliche Gespräche in Santa Cruz de Teneriffa zeigten eines überdeutlich: Spanier leben frei und halten an ihrer Kultur fest, fernab der Eurokrise, da sie den Euro niemals wollten!

Ihr

Joachim Sondern

## Das Gesicht der Erde – Ergebnis menschlicher Unbekümmertheit

Kaum wirft man den Blick in die traumhaft schöne Landschaft, die sich vor einem ausbreitet, möchte man sie ewiglich in sich aufsaugen, jene Eindrücke unerschrocken stets bei sich tragen, nicht nur als Erinnerung, sondern als bleibende Erkenntnis wie nah Mensch doch dem Paradies steht, obwohl er es nonstop mit Füßen tritt.

Das Gesicht der Erde etwa Ergebnis menschlicher Unbekümmertheit, wenn wir vergegenwärtigen, in wie weit mit rasch fortschreitendem Wandel eine regelrechte Zerstörungswut Mutter Erde über sich ergehen läßt?

Stets im Fokus einer ausbeuterischen Haltung meint der Homo sapiens, er könne sämtliche Auswirkungen seines Raubbaus der Ressourcen in Verbindung potentieller Umweltbelastung ewiglich ignorieren und fortsetzen, die Konsequenzen erledigen sich schon irgendwie, zumal man ja genügend Organisationen zwischengeschaltet habe, nach dem Motto, sie mögen es nachhaltig richten. Aber die Zeit heilt eben nicht einfach alle Wunden, selbst wenn die Natur extrem flexibel reagiert.

## Im Widerspiegel eigentlicher Überzeugungen

Haben bisherig weit über dreißig Jahre gewachsenes Umweltbewußtsein tatsächlich eine bestimmte Einsicht im Verhalten bewirkt? Oder aber muß man bei genauerem Hinschauen eingestehen, daß nach wie vor der behutsame, rücksichtsvolle Umgang mit der Natur nicht nur belächelt wird, sondern darüber hinaus die selben kurzsichtigen Argumente vorgetragen im Raume stehen, die allesamt sich einer gezielten Wirtschaftsvorgabe unterordnen, weil eine Profitmaximierung mehr denn je den Kurs diktiert?

Einerseits dürfte eine simple Polemisierung in alte Feindbilder kaum Wirkung zeigen, zumal etliche Firmen in der Wirtschaft inzwischen durchaus bemüht sind, Umweltstandards- und Auflagen einzubeziehen, eine konsequent lang anhaltende politische Bürger- und Parteienlandschaft dies ohnehin nachhaltig bewirkt, andererseits muß man dennoch eine eklatant rücksichtslose Ignoranz weltweit feststellen, die im krassen Widerspiegel eigentlicher Überzeugungen stehen! Wer läßt denn hier wen gewähren, oder aber nutzen ausdrückliche Vorschriften, Gebote und internationale Umweltvereinbarungen lediglich dem geduldigen Papier, weil eine betroffene Landschaft sich nicht entsprechend wehrt? Obendrein, da hier des öfteren noch wirtschaftliche Abhängigkeiten im Spiel, die gute Vorsätze zunichte machen?

**Umweltzeitbomben soweit das Auge reicht**

Klar doch schwingt im Bewußtsein einer mächtigen AKW-Bewegung eine entsprechend kritische Auseinandersetzung und Haltung weltweit vielerorts mit, was dem Nein zur längst überholten Energietechnik sehr viel Auftrieb gibt, auch wenn weiterhin krampfhaft seitens unlogischer Ignoranz an ihr festgehalten wird. Das ganze Ausmaß der auf dem Globus weit verstreuten Umweltzeitbomben mag niemand wirklich exakt erfassen, obwohl Umweltverbände und Naturliebhaber zu genüge stetig ermahnend sich zu Wort melden.

So richtig nachdenklich sollte man hinterfragen, was *noch* alles geschehen muß, bis Mensch endlich begreift, daß weder zwei noch irgend eine andere Ersatz-Erde vorhanden?

Vielmehr fängt es bereits im Alltag an. Achten Sie mal darauf, was Sie sehen bei langen Fahrten entlang der Bundesstraßen oder Autobahnen, selbst wenn die Straßenmeistereien sich sehr bemühen, Ordnung zu schaffen. Immer noch werfen Menschen einfach ihren Müll aus dem Fenster, während man zuhause jedem Staubkorn hinterherhechelt im sterilen Wohnungsambiente. Rücksichtsloses Umweltverhalten straft den Respekt zur Mutter Natur, erlebt seinen Fortgang im Berufsleben genauso wie an manchem Ausflugs- oder Urlaubsort, Hauptsache der andere hält sich dran, was niemand bemerkt und sieht, durchlebt keinerlei Schuldeingeständnis, während mancherorts Kinder und Jugendliche in engagierten Aktionen die Landschaft vom Müll befreien.

“Der Mensch von heute: das dümmste Lebewesen, das die Erde hervorgebracht hat: Er kriecht mit seinem Auto in der Großstadt wie eine Schnecke, nimmt die Umweltgifte in sich auf wie ein Staubsauger und ist obendrein noch stolz auf das, was er zustande gebracht hat.” (John B. Priestley)

Ihr

Lotar Martin Kamm

## Legitimierte Folter: Seit Abu-Ghuraib zeigt USA ihr wahres Gesicht

Wir können uns gepflegt unterhalten über die Errungenschaften mancher Epochen, denken wir an die Aufklärung, an die großen Revolutionen, an all die Versuche der Demokratisierung, die diktatorische Herrschaftssysteme zu überwinden versucht, an den direkt nach dem Zweiten Weltkrieg gegründeten Völkerrechtlichen Vertrag, die UN-Charta, an die Resolution 217 A (III) vom 10.12.1948, besser bekannt als die „Allgemeine Erklärung der Menschenrechte", um dennoch feststellen zu müssen: Menschen verhalten sich grausamst der eigenen Spezies gegenüber.

In diesem Kontext kann es nur als Pflicht verstanden werden, sich zu erheben, legitimierter Folter entschiedener entgegen zu treten, sie deutlichst anzumahnen, damit sie ein Ende findet! Angesichts einer oberflächlichen Gesellschaft mit zivilisierter Kriegsmentalität ein schwieriges Unterfangen. Seit den Geschehnissen des Abu-Ghuraib-Gefängnisses zeigt die USA ihres wahres Gesicht, obwohl lange vorher schon ähnliche Vorkommnisse stattfanden. Mit dem „War on Terror" nach 9/11 stieß die „Weltpolizei-Großmacht" eine Tür auf, die ungeahnte Wege zuläßt, um ziemlich alles im „Dienst der Sache" zu rechtfertigen.

## Eine Resolution im Widerspruch zur Wirklichkeit?

Nach der Resolution 217 A (III) folgte ein Jahr später die Genfer Konvention und 1977 deren Zusatzprotokoll, in welchem sowohl speziell „Folter" exakt definiert wurde, aber auch die Regelung der Maßnahmen ihrer Verhinderung, Verfolgung und Bestrafung. 10 Jahre später trat die UN-Antifolterkonvention in Kraft. Mit dem OPCAT (Optional Protocol to the Convention Against Torture), daß 2006 in Kraft trat, einen präventiven Ansatz zum Schutz vor Folter enthält, erweiterte zwar die UNO die Dringlichkeit, der Folter vehementer entgegen zu treten, dennoch muß man erkennen, daß die Bemühungen im Widerspruch zur

Wirklichkeit stehen. Dabei sollte man beachten: Die kodifizierten Menschenrechte in den jeweiligen Abkommen kann man innerhalb der Vertragsstaaten lediglich äußerst mühselig bedingt und schon gleich gar nicht von vornherein einklagen. Aufgestellte Hürden, um es Menschenrechtsorganisationen wie Amnesty International und anderen schwer zu machen? Doch in wie weit klafft Realität und der **Artikel 5** der Resolution 217 A (III) auseinander? Dort lautet es:

"Niemand darf der Folter oder grausamer, unmenschlicher oder erniedrigender Behandlung oder Strafe unterworfen werden."

## Geheimgefängnisse – Brutstätten brutalster Foltermethoden

Die Liste der Staaten, die Hand in Hand mit den Geheimdiensten zusammenarbeiten bzw. Geheimgefängnisse in ihren Ländern dulden, wird immer länger, ob in Asien, im Nahen Osten, in Afrika und anderen Gebieten. Dabei dient das längst bekannte Deckmäntelchen der sogenannten Antiterrormaßnahmen, um solche Brutstätten brutalster Foltermethoden zu rechtfertigen. Doch wie kann man einerseits die berechtigten Vorwürfe des britischen „Guardians" und der BBC, US-Veteranen hätten ein Folternetzwerk im Irak aufgebaut, tatsächlich für voll nehmen, wenn selbst Großbritannien mit den USA in Sachen Terror-Folter kooperiert? Guantanamo und Bagram nur die Spitze des Eisbergs, weil auch ein Bericht der Hutchinsons Kommission zu dem Ergebnis gelangt, die USA sollen Gefangene in Afghanistan, im Irak und anderswo gefoltert haben?

## Was läuft verkehrt im Land der Peace-Generation?

Janis Joplin würde sich im Grabe umdrehen, John Lennons Songs wären so richtig eindringlich revolutionär, angesichts der Foltervorwürfe. Wo befinden sich die Stimmen der Peace-Generation, die noch in Woodstock-Zeiten sich aufmachte, der Welt mit Blumen zu begegnen als Zeichen eines friedliebenden

Zusammenlebens, nicht zu vergessen, weil die eigene Nation als weltweit einzigste Atombomben gezielt eingesetzt hatte? Das wahre Gesicht der Weltregierung griff Libyen an, schweigt noch zu Syrien, aber gefoltert wird schamlos und grausamst in Geheimgefängnissen. Wo folgt der Aufschrei der Menschen, die nicht betroffen, aber wissentlich sich einmischen sollten? Haben Fastfood-Ketten wie McDonald's, die nonstop-laufende Glotze zusammen mit den zensierten Medien ganze Arbeit geleistet, so daß sich Resignation überall ausbreitet? Man könnte es meinen, oder?

Ihr

Lotar Martin Kamm

**Totale Überwachung: Freiheit erfordert viel Herz und Geduld**

Es gibt Werte, welche sich mitnichten verjubeln oder erwerben, jedoch geduldig erarbeiten lassen. Arbeit keinesfalls im Sinne sogenannter Funktionsmechanismen, sondern in Form gestalterischer Impulse, direkt aus dem Herzen heraus. Doch wer nach jener wahren Freiheit strebt, muss viel Herz und Geduld aufbringen, zwecks ganzheitlicher humaner Veränderung.

Freiheit sowie Veränderungen zwischen betäubenden Medienbollwerken oder dem nächsten Supermarkt zu entdecken, dürfte zweifelsohne schwierig werden, da die Sinne vieler Generationen gänzlich diversen manipulativen Einflüssen erliegen. Bürger haben scheinbar keine andere Wahl, droht ansonsten aufgrund verknüpfter Binärsysteme der finanzielle Existenzverlust.

**Inszenierter Scheiterhaufen – Political Correctness**

Es bedarf seitens etablierten Machtpolitikern keinerlei weiteren strategischen Verknüpfungen, schließlich möchte jeder seine Familie ernähren können. Die Rechnung geht vollends auf, weil Kapitalverlustängste so stark den Menschen beeinflussen, dass dieser verkennt, welch Lüge tatsächlich dahinter steckt. Trotz etlicher Spekulationsvorgänge stehen Geldsysteme immer in Abhängigkeit zur gesamten Gesellschaft. Einem einzelnen Bürger können Finanzeliten durchaus sämtliche finanzielle Grundlagen verweigern, was bei Menschenmassen gleichwohl nahezu unmöglich wäre.

Genau hier liegt das eigentliche Problem: Menschenmassen leben aneinander vorbei, anstatt vertrauensvolle Gemeinschaftsstrukturen aufzubauen. Demzufolge herrscht weiterhin durch Bildungsorgane implementierte Political Correctness, was unweigerlich depressive Resignation auslöst.

Würden Millionen Bürger begreifen, welche „Macht“ sie besitzen, wären explizite, über Geldsysteme installierte Überwachungssysteme bedeutungslos.

Hochfinanzeliten kontrollieren humane Abläufe lediglich infolge des Kapitalvermehrungsgedankens. Ohne täglich aktive Kapitalbewegungen durch bürgerlichen Konsum, Arbeitsleistung oder andere Dienstleistungen verlieren Hochfinanzeliten langfristig ihre Kapitalressourcen. Infolgedessen müssten Millionen Menschen ihre Arbeit niederlegen, sobald unrechtmäßig Menschen entlassen bzw. überwacht werden.

**Totalitärer Überwachungsstaat ist längst Realität**

Facebook, Skype, Google und Co. – die US-Regierung ist innerhalb der vernetzten Datenwelt überall mit dabei. Die USA gilt unlängst als totalitärer Überwachungsstaat, nicht erst seit dem „neuen" Überwachungsprogramm PRISM. Ob unbequeme Journalisten, Whistleblower oder Querdenker, wer nicht willig gehorcht, lernt das wahre Gesicht der US-Administration kennen.

Mittels totalitärer Internetkontrolle können politische Eliten nunmehr alle Daten der Menschen speichern und auswerten sowie im eigenen Interesse verwenden. Ob konspirativ zum Wohle der Weltwährung Dollar, sei einmal dahingestellt. Nichtsdestotrotz: Wer Möglichkeiten hat, ganze Völker zu überwachen, nutzt diese auch, erstellt psychologische Profile, beeinflusst Kaufverhalten, erzeugt größere Ängste sowie grundlegende gesellschaftliche Unsicherheiten, wodurch der Weltwährungsverlust des Dollars keineswegs mehr real erscheint.

Benjamin Franklin sagte einst:

"Diejenigen, die bereit sind grundlegende Freiheiten aufzugeben, um ein wenig kurzfristige Sicherheit zu erlangen, verdienen weder Freiheit noch Sicherheit."

Recht hatte er. Die größte Sicherheit des Menschen liegt in deren transparenten Umgangsformen. Geduldiges, beherztes Miteinander, darum geht es.

Wenn Milliarden Menschen weltweit geschlossen fungieren entgegen gewisser Überwachungen, Kameras freudestrahlend anlächeln, ihr Leben weitestgehend manipulationsfrei gestalten von Mensch zu Mensch, dann erweisen sich Daten als vollkommen wert- sowie machtlos.

Ihr

Joachim Sondern

**Träume dürfen niemals verfliegen**

In abstrusen, sozial kalten Zeiten gibt es scheinbar keinen Platz für kreative Träumer. Ergo unterdrücken immer mehr Menschen zeitweilig ihre tiefsten Träume, obwohl genau diese sie eigentlich am Leben erhalten. Als Gefangene implementierter Angstmechanismen verweilen Milliarden Menschen auf der Erde, welche einzig darum bemüht, irgendwie zu überleben.

Demzufolge existieren keinerlei freie, unabhängige Impulse, welche lebendige Konstrukte erschaffen könnten. Wagt es dennoch jemand, seine Träume auszuleben, verhindern Systemakrobaten erbahmungslos jedwede realträumerische Entfaltung – zweifelsohne ein Spiel mit dem Feuer. Wo Träume ihre Daseinsberechtigung verlieren, entsteht Nährboden für Hass, Gewalt, Extremismus sowie Kriege.

Folglich ist das rasant gewachsene Gewaltpotenzial mitnichten verwunderlich, schließlich können Menschen ohne Traumumsetzung keineswegs ausgeglichen, zufrieden leben. Nahezu verzweifelt versucht die Gesellschaft mittels Zwangreputation verlorene Träume auszugleichen. Leider verkennen etliche Bürger indes wesentliche Traumfaktoren wie: Freiheit, Farbe, Kultur, Emotionen und Liebe. Jene natürlichen Lebenserhaltungsaspekte können aufgrund unabhängiger Variabeln niemals kompensiert werden.

**Phantasie – die Kunst des Tagträumens**

Bevor Träume als Projekt umsetzbar, durchlaufen Menschen verschiedene Selbstfindungsprozesse. Während nächtliche Träume oftmals im Unterbewusstsein aktiv, tragen sogenannte Tagträume zur eigentlichen Umsetzung bei. Phantasie, sich unerklärbare Gebilde geistig beherzt vorstellen, um dann aus den eigenen Fähigkeiten heraus das Ganze physisch zu vollenden, genau darum geht es.

Herz und Verstand münden in der Handlungsfähigkeit des Einzelnen. Je sonderbarer kombiniert, desto leichter die eigentliche Umsetzung. Manche Menschen vergessen zuweilen, welche Errungenschaften einzig durch phantasievolle, träumerische Augenblicke ermöglicht, verhöhnen mitunter gar freischaffende Traumgestalter.

**Wenn Träume Flügel bekommen**

Kontinuierlich suggerieren Politiker und Wirtschaftsbosse der Bevölkerung, wie unlukrativ Träume angeblich seien, dass man besser gemäß industriellen Normen „Sklavendienste" verrichtet, zum Existenzwohle. Konsequent betrachtet sagen sie konspirativ: „Schmeißt euer eigenes Leben weg, gehorcht Finanzeliten."

Genau das sollte allerdings niemand machen, ist der Homo sapiens doch grundlegend sensibel, wenngleich auch im Verborgenen, so erlischt die Sehnsucht nach gestalterischer Geborgenheit keineswegs. Traumrealisierung war seit jeher hart angesichts einseitiger geldorientierter Wirtschaftsmarktentwicklung. Das Geldsystem kann jedoch nur solange seitens gewisser Mächte missbraucht werden, wie Menschen einander entfremdet. Nutzen Millionen Bürger wenige Euro dazu, Träume ihrer Mitmenschen und somit ebenso eigene Träume zu verwirklichen, bekommen Träume Flügel, überall entstehen neue, bunte Landschaften voller Freude, frei von Depressionszuständen. Lediglich Vertrauen, Verständnis, Mitgefühl sowie die eigenständige Traumfähigkeit sind dazu notwendig. Über Jahre hinweg Träume aufzubauen, diese in die Welt hineinzutragen, ist wunderbar, erweckt endlose innere Energie, so dass Mensch am Ende weiß, wofür er gelebt.

Ich schließe mit einem eigenen Zitat:

Träume sind der wahre Sinn des Lebens, Seelenbrunnen, welche unerschöpflich neue Ideen zum Leben erwecken, wenn wir uns deren Gabe würdig erweisen und sorgsam pflegen, was unbeschwertes Leben ermöglicht.

Ihr

Joachim Sondern

**Politik – das Spiegelbild der Gesellschaft?**

Europaweit, in sämtlichen einst gut bürgerlichen Industrienationen wächst inzwischen die politische Unzufriedenheit der Bürger. Wo man einst ganz im Sinne einer belanglosen Stammtischmanier über unwichtige Dinge diskutierte, findet sich nunmehr eine destruktive Protestbewegung, in welcher diskriminiert, diffamiert und „radikal" gefordert wird. Infolgedessen entstehen haltlose Feindbilder; der gegenseitige Völkerhass wächst dramatisch, denn den europäischen Nachbarn oder unsere Politiker als Schuldige an den Pranger zu stellen, erheitert viele „Bauern" und ist wesentlich angenehmer, als seiner Eigenverantwortung nachzukommen.

Dass ein solches Verhalten in Kriegszenarien münden kann, tangiert etliche Bürger indes peripher. In einer Ellenbogengesellschaft voller „Alltagssöldner" lebt es sich schließlich völlig ungeniert. Dennoch, wer den Extremismus innerhalb der Gesellschaft nicht erkennen will, trägt unweigerlich zur Entstehung neuer Kriege bei. Wohin extreme Strukturen führen, verdeutlicht besonders das deutsche Verhaltensmuster: Politiker sind faul, gierig und machtbesessen, so dringt es aus vielen bürgerlichen Kehlen hinter verschlossenen Türen, während sie zeitgleich dem Gedanken erliegen, wie sie beruflich schnell aufsteigen können ohne Rücksichtnahme auf ehemalige Kollegen. Gleiches Muster ebenso, wenn staatliche Konflikte konstruiert werden mittels fragwürdiger Systempresse: Plötzlich reden alle vom faulen Griechen oder dem gemütlichen Franzosen, nur aus puren Neid heraus, weil andere Völker Europas berufliche Karriere dem Familienleben keinesfalls vorziehen, lieber Wert auf geruhsames Mittagsessen, der eigenen Gesundheit legen. Trotzdem erledigen sie ihre Arbeit ordentlich.

Ganz nach deutschem „Vorbild" ist inzwischen ein großer Teil Europas dem "Schneller-höher-weiter"-Gedanken förmlich verfallen, Bürger agieren wie ihre gewählten Volksvertreter: ohne Loyalität, Verständnis oder zwischenmenschliches Vertrauen. Warum also sollten Politiker besser sein wie das Volk? Positive Aspekte dürfen nicht gefordert, sondern müssen zweifelsohne vorgelebt werden. Indem wir einander anklagen, kritisieren, dem Anderen unsere Hand entziehen, erschweren wir unser eigenes Dasein, zerstören notwendige Wirtschaftsstrukturen.

**Vertrauen in Mitmenschen nicht vorhanden**

Immer wieder schimpfen Menschen über den sozialen Verfall des Arbeitsmarktes, fordern höhere Gehälter, sichere Arbeitsplätze. Niemand denkt aber daran, dass jedwede Abhängigkeiten, die entstandene Erpressbarkeit im Lohn- und Gehaltssektor aus der eigenen, triebhaften Unfähigkeit heraus entstanden. Großkonzerne winkten anfänglich mit guten Gehältern, dreizehntem Monatsgehalt, sowie weiteren diversen Bonusleistungen. Ergo schlossen viele Kleinunternehmer, dem Großkonzernwind folgend, ihre eigenen Betriebe. Natürlich führte dies zur einheitlichen Monopol-Preispolitik. Regionale Strukturen waren fortan in Großkonzernhänden, starke Mittelstandsunternehmen abhängig von diesen, Kleinunternehmer fast ausgestorben. Als Verantwortliche sahen, wie schnell Bürger ihre Selbstbestimmung aufgaben, kontrollierten sie fortan alles, denn der bei ihnen beschäftigte Lohnsklave war außerdem noch hilfloser Konsument, welcher bis dato alle wirtschaftlichen Faktoren akzeptieren muss. Alternativen? Fehlanzeige, weil die Einen regionale Strukturen aufgaben, faire Kleinunternehmer boykotierten, für das "Geiz ist Geil"-Leben alles taten, und die Anderen aus Existenzängsten den Großkonzernen erlagen. Heute geben genau diese Menschen dem herrschenden Lobbyismus die Schuld an allem. Aber wer hat dem Volk verboten, eigenständig, weitsichtig zu denken und nicht nur bis zur nächsten Haustür? Niemand! Wer hat Bürger anfänglich dazu gezwungen, Schwächere zu diskriminieren? Niemand! Wer fragt heute, wie jedwede lobbyistischen Strukturen überhaupt entstanden sind? Niemand, weil sämtliche Völker sich dann eingestehen müssten, dass sie selbst größtenteils zum gegenwärtigen, antihumanen Unheil beigetragen haben. Gesellschaften, welche unbewusst leben, dürfen keine bewusste humanökonomische Politik erwarten.

Beschweren, Kritisieren sowie Diffamieren entspricht keinesfalls dem respektvollen, konstruktiven Protestgedanken, welcher stets in verschiedenen Epochen etwas positiv erwirken konnte. Bürger beschweren sich, dass Facebook mit ihren Daten spielt, die etablierte Presse oftmals lügt, Politiker nur Marionetten diverser Wirtschaftslobbyisten sind, konträr dazu würdigen sie jedoch jene Menschen nicht, welche Alternativen schaffen. Stattdessen werden diese beschimpft, müssen teilweise entwürdigende, haltlose Parolen ertragen. Ehrliche Alternativen müssen verhungern, weil Bürger, welche selber über die Macht großer Konzerne schimpfen, im selben Atemzug dennoch lieber wieder das Tagesblatt kaufen, anstatt kleinen Mitmenschen Vertrauen entgegenzubringen und diese Arbeit zu stützen. Damit wäre folglich der Anfang für eine faire Volkswirtschaft geschaffen, indem Menschen Kapital untereinander investieren, anstatt es brav abzuliefern bei großen Herrschern.

Denken Sie bei der nächsten Handlung vielleicht einmal daran, dass Menschen, die Sie ehrlich behandeln, für die Gesellschaft einen Dienst erbringen, überleben müssen, was nur durch ganzheitliches, gesellschaftliches Umdenken möglich wird. Wenn Nachrichten kostenlos im Netz zugänglich sind, heißt dies zum Beispiel noch lange nicht, dass gewissenhafte, freie Journalisten von Luft und Liebe leben können; umfangreiche Recherchen erfordern Zeit, was den täglichen Journalismus zu einem Hauptberuf macht.

Dass die meisten neuen Medien nach geraumer Zeit also ebenfalls dem Lobbyistensystem verfallen, hängt mit dem fehlenden bürgerlichen Solidaritätsgedanken zusammen. Wie können Sie diesen Menschen böse sein?

Sie müssen ebenfalls ihr Leben bestreiten wie Sie auch, und wo die Chance bestand, den freien Journalismus zu retten, sah sich ja niemand der finanziellen Unterstützung verpflichtet, weil ja ein humaner Dienst nicht mit einem neuen Computer oder Fernseher mithalten kann. Bleibt noch die Parole: „Sollen sie halt einen richtigen Job machen, Schreiben kann doch jeder." Nun sehr seltsam, dann braucht doch niemand ehrlichen, unabhängigen Qualitätsjournalismus fordern und Menschenwürde, darauf hat dann auch niemand ein Recht. Warum? Ganz einfach, wenn Menschen sich nicht so akzeptieren können, wie sie sind, kein Verständnis aufbringen, wenn jemand aus Berufung und Leidenschaft nur einer bestimmten Tätigkeit nachgehen kann, trotzdem aber ein finanzielles Existenzrecht hat, dann sind Menschlichkeitsreden nichts weiteres als billige, verlogene Phrasen.

Anderes Beispiel gefällig? Der Bäcker aus Leidenschaft, welcher seine Backkunst opfert, um mit dem Industriebäcker mithalten zu können. Schriftsteller, die im Suizid enden, weil keiner mehr ihre Werke schätzt, sondern lieber „Thilo-Bücher" gekauft werden aufgrund des bekannten Namens. Diese Aufzählung lässt sich beliebig fortsetzen in alle Berufsrichtungen. Was sagt uns das? Wir dürfen uns nicht gegenseitig in eine Norm drängen, welche positive, humane Aspekte seit jeher zerstört, sondern müssen Vertrauen aufbauen von Mensch zu Mensch, unabhängig von Verwaltungsnormen.

Oder ist die Menschheit inzwischen nicht mehr in der Lage, eigenständig und logisch zu denken? Können viele Menschen vielleicht keine Gefühle mehr füreinander aufbauen? Politischer Lobbyismus entsteht durch zwischenmenschliche Entfremdung, für die einzig wir alle verantwortlich sind. Erst wenn wir beherzt miteinander umgehen, wird unsere Gesellschaft die Politik positiv verändern können, denn unser aller Spiegelbild ist ausschlaggebend für die Politik von gestern, heute und morgen.

**Ich schließe mit einem freien Gedanken:**

Nur wer die freie Entfaltung auch lebt, jedem sein Leben gewährt und seinem Mitmenschen trotzdem ein sorgenfreies Leben zugesteht, kann lobbyistische Strukturen bereits im Ansatz verhindern, denn dieser wird einzig durch die Verzweifelung jener Menschen gestärkt, dessen Visionen durch eine kalte Gesellschaft zerstört werden. Kein Visionär gibt seine selbstbestimmte Idee auf, solange sein Herz schlägt. Und genau darin liegt der Wandel, den die breite Masse annehmen könnte, anstatt danach zu treten – schon wären sämtliche Probleme gelöst, da die Vision eines Mitmenschen zum eigenen Wohlstand wird, wenn man die Idee eines Einzelnen als Gemeinschaft verwirklicht. Unsere Welt ist kaputt, weil Menschen andere Menschen benutzen, anstatt die Emotionen und Gefühle des Anderen zu achten.

Ihr

Joachim Sondern

**Zwischenmenschliches Vertrauen ermöglicht humangerechte Wirtschaft**

Bereits im September 2010 veröffentlichte Buergerstimme zwei Artikel, welche verdeutlichen sollten, dass sowohl ein wirtschaftlicher Wandel als auch langfristige, soziale Systeme nur mittels des vertrauensvollen Gemeinschaftsfaktors realistisch sind. Die beiden Artikel Unabhängigkeit durch Gemeinschaft sowie Sozialsystem von Mensch zu Mensch zeigten zudem Möglichkeiten der einfachen wirtschaftlichen Neugestaltung auf. Seit dem Jahr 2010 hat sich der gesellschaftliche Zusammenhalt jedoch keinesfalls verbessert, sondern drastisch verschlechtert. Das Gesetz des Stärkeren hat höchste Priorität: Existenzberechtigung erhält, wer einen systemkonformen, gewissenlosen Status vorweisen kann.

Anno 2012 möchte die Menschheit diese dramatische Entwicklung keinesfalls erkennen, gehört der scharfe Umgangston, jedwede antihumane Ellenbogenmentalität schließlich unlängst zum gutbürgerlichen Alltag. Gerade deshalb ist es umso wichtiger, gewisse Zusammenhänge ganz im Sinne der Nachhaltigkeit immer wieder zu fokussieren. Aufgrund dessen sollten alle Bürger nach dem Prinzip Mensch zu Mensch agieren. Fortlaufend beschimpfen Völker ihre Regierungen, stellen Forderungen an Politiker, den Hochfinanzeliten, wollen ihre Verantwortung in judikative Hände legen und hoffen somit, dass ihnen Gerechtigkeit widerfährt. Was sie aber im Endeffekt lediglich erreichen, gleicht einer Genugtuung, denn mittels Gesetzen kann keine humane Gerechtigkeit erzwungen werden.

Trotz trügerischer Bildungszivilisation scheinen Menschen unfähig, den wahren Sinn des Lebens, das Leben selbst zu erkennen. Daher sucht der Homo sapiens im Leistungsmaximum stets neue Hürden, welche indes vollkommen unnötig. Ergo, haben Menschen keine Zeit mehr für Erkennungsprozesse.

Passend dazu eine Aussage von Georg Christoph Lichtenberg:

„Man sollte nie so viel zu tun haben, dass man zum Nachdenken keine Zeit mehr hat.“

Genau in diesem gefährlichen Rhythmus lebt die Menschheit seit jeher. Kontinuierlich erhöhen sie selbst ihre Leistungsgeschwindigkeit, verlangen vom eigenen Körper oder der Seele das Unnatürliche, unterdrücken Signale des Herzens, um weiterhin dem emotionsleeren Funktionsmechanismus zu frönen. Generell verlangt das Leben mitnichten Geschwindigkeitsrekorde, weil unsere Umwelt Aufmerksamkeit erfordert, die nur mittels zeitlichen, angstfreiem Freiraum zum Nachdenken gewährleistet werden kann.

Worauf Wolfgang von Goethe einst zum Besten gab:

„Es bleibt einem jeden immer noch soviel Kraft, das auszuführen, wovon er überzeugt ist.“

Aus Hinterfragungen entstehen stets freie Glaubensrichtungen, sogenannte innerliche Kraftfelder, welche dazu beitragen, dass Menschen innerhalb wirtschaftlicher Konstrukte viel eher aus Berufung handeln, somit automatisch weitere Mitmenschen bei der Verwirklichung ihrer Träume unterstützen; da mit jeder Handlung aus dem Berufungsgedanken heraus neuer, kreativer Freiraum für Mitmenschen entsteht. Tätigkeiten aus dem reinen Zwangsgedanken zerstören hingegen sämtliche gestalterische, zwischenmenschliche Vertrauensebenen, wie gegenwärtig der Fall.

Wirtschaft über Verwaltungsmechanismen, basierend einzig auf reinen Konkurrenzkampf, kann im Jahr 2012 keineswegs mehr funktionieren und schongleich keinerlei soziale Sicherheiten ermöglichen.

Von Mensch zu Mensch ist der optimale Weg, wenn die Gesellschaft eigentlich längst bekannte Zusammenhänge endlich erkennen würde. Doch die Angst vor dem Spiegelbild ist zu groß, wie Arthur Lassen bereits erkannte, in seiner Ausführung „Der Mensch im Spiegel".

Arthur Lassen hat vollkommen Recht mit seiner philosophischen, lebensnahen Sichtweise. Die Menschheit kann sich nur gegenseitig stützen, wenn sie vor der eigenen Prägung nicht dauerhaft davonläuft, wie seit Jahrhunderten der Fall. Das Spiegelbild schenkt Zufriedenheit, wenn Menschen ihre Träume leben, einander vertrauen und ergänzen, den anderen stützen. Folglich wäre niemand mehr Sklave seiner Ängste, die Welt bunt anstatt schwarzweiß.

Ich schließe mit einem eigenen Zitat:

Im Brunnen unendlichen Glücks liegt leider auch die Erhabenheit des kurzweiligen Seins, welches des Menschen Schicksal, wenn er die Leichtigkeit des Lebens, die zusammenhängende, eine Antwort der Zeit nicht endlich anzunehmen vermag.

Ihr

Joachim Sondern

## Nonverbale Kommunikation und ihre unterschiedlichen Folgen

Betrachten wir uns die verschiedenen Musikzeitgeist-Strömungen wie den Rock 'n' Roll, die Hippies, die Beatmusik und vor allem den Punk, um nur mal einige aufzuzählen, so haben sie allesamt eines gemeinsam: Sie wollen auf eindeutige, nonverbale Art auf ihr Anliegen hinweisen. Außenstehende oder Gesinnungsgenossen können dann ganz leicht am Äußeren sie erkennen. Es handelt sich somit um einen Austausch, ohne die Sprache selbst zu verwenden. Jedoch hat nonverbale Kommunikation noch ganz andere Möglichkeiten des Austausches parat und daher auch unterschiedliche Folgen für das gesellschaftliche Miteinander.

## Von der Basisemotion zur Verständigung ohne Worte

Alle Menschen haben eines gemeinsam: Ihre Gefühle werden durch Angst, Freude, Liebe oder Hass geleitet, wobei sich dies in sämtlichen Kulturen weltweit so verhält. In seinem 1872 erschienenen Werk *The Expression of the Emotions in Man and Animals* (Der Ausdruck der Gemütsbewegungen bei dem Menschen und den Tieren) setzte Charles Darwin sich mit der Mimik als sichtbaren Ausdruck bestimmter Emotionen auseinander, auch um seine Evolutionstheorie zu stützen. Obwohl sein Werk relativ schnell in Vergessenheit geriet, weil er unter anderem behauptete, Tiere hätten Gefühle, die diese wiederum auch sichtbar zum Ausdruck bringen würden, manche seiner Beispiele sich als fehlerhaft erwiesen, entdeckte insbesondere die aufkommende Ethologie (vergleichende Verhaltensforschung) dennoch dieses Werk für sich.

Sprache erleichtert zwischenmenschliches Zusammenleben ungemein zum Vorteil aller, aber bei der Verständigung gänzlich ohne Worte wird es bereits problematisch: andere Länder, andere Sitten. Während wir per Augenkontakt bereits erste Erfolge verbuchen können, kann schon die Mimik uns einen Strich durch die Rechnung machen. Erleben wir insbesondere recht eindrucksvoll bei

Theateraufführungen die ganze Bandbreite des Minenspiels, als Mittel der jeweiligen Rolle Ausdruck zu verleihen, kann dieses in außereuropäischen Kulturen gänzlich mißverstanden werden, eben weil dort andere Bedeutungen gelten.

Noch wesentlich dramatischer gestalten sich Mißverständnisse, wenn die Hände mit ins Spiel kommen. Wer hierbei meint, er müsse seine Sprachenkenntnisse durch gewisse Handzeichen eventuell verbessern, kann sehr schnell ins sogenannte Fettnäpfchen treten mit entsprechenden Folgen. Wer kein Risiko eingehen möchte, dem sei das praktische Handbuch "Versteh mich nicht falsch! Gesten weltweit", welches die beiden Auslandskorrespondentinnen Julia Grosse und Judith Reker zusammen mit dem Portrait- und Modephotograph Florian Bong-Kil Grosse verfaßt haben, durchaus zu empfehlen. In dieser Rezension können Sie erste Eindrücke ersehen, liebe Leser.

Was für den einfachen Touristen gilt, demzufolge sollten sich Politiker erst recht gut vorbereiten, wenn sie auf Auslandsreisen unterwegs sind. So hatte 1992 der US-Präsident George Bush beim Besuch in Australien gemeint, es sei besonders lässig, mit dem Victoryzeichen aufzutreten. Jedoch bedeutet genau diese Geste im fünften Kontinent im harmlosen Fall schon: „Du kannst mich mal!", wobei andere dort durchaus dies als „Doppelstinkefinger" deuten. Die Empörung blieb nicht aus, so daß die Anwesenden direkt mit gleicher Geste antworteten.

**Sprache hilfreichste Möglichkeit der Verständigung**

Solange wir uns in gewohntem Kulturraum aufhalten, also bei den Meisten in der Nähe des eigenen Wohnortes, kommen wir ganz gut klar mit der nonverbalen Kommunikation. Ansonsten mögen bestimmte Ratgeber hilfreich sein, um Mißverständnissen vorzubeugen. In sofern zeigen uns diese Beispiele, wie wichtig doch die Sprache dazu dient, sich zu verständigen.

Zwar gibt es auch dort bestimmte Redewendungen, die oftmals Übersetzungshilfen nicht parat haben, so daß diese erst bei einer längeren, intensiveren Beschäftigung mit der jeweiligen Sprache entdeckt werden und zur Anwendung sich im Sprachgebrauch festigen können.

Obendrein vermögen wir natürlich nicht alle Sprachen dieser Welt mal eben so in einem kurzen Crashkurs uns vor Reiseantritt aneignen. Es versteht sich von selbst, daß zumindest die Weltsprache Nummer Eins, nämlich Englisch, äußerst hilfreich uns auf Reisen weiterhilft. Wer dabei noch mit Französisch, Spanisch oder Italienisch unterwegs sich verständigen kann, hat dadurch noch mehr Vorteile.

Ihr

Lotar Martin Kamm

## Bewertungsgesellschaft: Entwertung des Menschen

Ob Schule, Arbeit, Studium oder Familienalltag; die Menschheit gestaltet ihr Leben gemäß verschiedener, genormter Wertkonstrukte. Wer sich diesem Konstrukt nicht einordnet, muss mitunter scharfe Diskriminierungen der Bewertungsgesellschaft ertragen. Indes merken jene Verursacher jedoch nicht, dass sie ihre eigene humane Persönlichkeit dadurch entwerten.

Doch was steckt hinter einer Bewertung? Welche Gefahren lauern, wenn Wertvorstellungen, Werturteile sowie Entwertungsmechanismen aufeinander treffen? Notensysteme, Arbeitszeugnisse oder Auszeichnungen sind ein Indiz für fehlendes Selbstbewusstsein. Scheinbar können Menschen nur mittels Bewertung und expliziten Leitmustern ihren Alltag meistern.

## Entwertung, Werturteil und Wertung

Psychologisch betrachtet nahezu fatal, da somit jedwede freie Selbstbestimmung bisweilen keineswegs existiert, fernab emotionaler Prägungen gelebt wird. Die Entwicklung des Menschen erstarrt folglich seit jeher. Indem Menschen einander bewerten, tragen sie zur Lebenswertverschlechterung bei. Wert-„Urteil“ beinhaltet das Wort Urteil, wonach Handlungen, Gedanken als auch neue Ideen quasi einer Verurteilung unterliegen. Demzufolge dienen Werturteile einzig diktatorischer Herrschaftsformen, und weil Menschen daran gewohnt, verfallen Millionen dem Irrglauben: Es müsste genauso sein.

Heranwachsende Generationen, anfangs vorurteilsfreie Kinderseelen, erstarren genau daran. Eltern fordern belanglose „Wissensaufnahme“, verurteilen zuweilen ihr Kind bei schlechter schulischer Leistung, woraufhin dieses zwanghaft um exzessive Leistungssteigerung bemüht, was wiederum oftmals Resignation hervorruft. Verwunderlich? Mitnichten, schließlich ist der Mensch individuell veranlagt. Alle Menschen lernen, arbeiten, leben anders und genau ebendiese Vielfalt sollten Menschen bewahren. Aufgrund stetiger Bewertungen und Werturteilen entstehen irreale, antihumane Konstrukte. Jeder „Mehrwert" erzwingt gleichzeitig woanders „Wertminderung", wodurch die Mehrwert-Zuschreibung konsequent betrachtet keinerlei Wert besitzt.

**Wertvorstellung verursacht Vorurteile**

Wirtschaftliches Beispiel gefällig? Die Mehrwertsteuer, eine Steuer welche unter anderem bürgerliche Kaufkraft reduziert, Bürger schwer belastet. Auslöser solcher Be- und Entwertungen ist die traditionell gelebte Wertvorstellung. Eltern erziehen Kinder getreu Vorgabenormen.

Über Generationen hinweg stellen Menschen Ansprüche an Mitmenschen, deren Verhalten, Gedanken sowie Leben, nur selber vorleben kann trügerische „Wertvorstellungen" kaum jemand. Wertvorstellung gleich Idealbild. Logische Konsequenz? Drastische Wert-„Urteile", Vorurteile, daraus resultierende Zerstörung. Bravo Mensch, wie klug du doch bist (Ironie aus).

**Die Kunst der Wertfreiheit**

Letztendlich muss die Menschheit lernen, ohne normative, moralische Bewertungen bzw. Wertvorstellungen auszukommen. Freie Kooperationen eignen sich bestens für solche Lernprozesse. Menschen dürfen keine Angst haben, Fehler zu machen, denn jeder Mensch entspringt einmaliger Naturprozesse.

Wie sagte bereits Shakespeare (Hamlet 1. Aufzug, 3. Szene):

**„Dies über alles: sei dir selber treu! Und daraus folgt, so wie die Nacht dem Tage, du kannst nicht falsch sein gegen irgendwen."**

Treue gegenüber seinem Selbst verhindert Neid, Angst und Missgunst. Infolgedessen wären Bewertungen ad acta gelegt. Hinsichtlich demografischer Entwicklungen führten Bewertungen oder Wertvorstellungen ohnehin ins Nirwana.

Ich schließe mit einem Zitat von Isaac Newton:

„Was wir wissen, ist ein Tropfen; was wir nicht wissen, ein Ozean."

Also, warum bewerten Menschen andere Menschen? Weil die gesamte Menschheit entgegen mancher Behauptung weiterhin in Unwissenheit verweilt, unfähig zu begreifen, dass der einzigste existierende Wert – das Lebensglück!

Ihr

Joachim Sondern

**Island: Wenn Wikinger auferstehen**

Völker in ganz Europa diskutieren über den stolzen Staat Island, denn nur dort halten Politiker zum Volk. Nachdem die Isländer einmal reingefallen sind auf entsprechende Spekulationsbanken, reagierten sie sofort, lernten aus ihren Fehlern, wählten folglich eine neue Regierung, welche keine Bankenrettung vollzog, sondern Islands Bevölkerung vor Hochfinanzeliten schützte.

Daraufhin entstanden weitere Maßnahmen wie Steuererhöhungen für Wohlhabende, Verbesserung des Sozialsystems sowie die Abwertung der Isländischen Krone. Island erholte sich infolgedessen schnell vom Finanzschock, da keinerlei Sparmaßnahmen umgesetzt wurden.

**Island duldet keine Fremdbestimmung**

Ein einziges souveränes Land inmitten globaler Elitenherrschaft leistet demzufolge erfolgreich Widerstand. Sogar die CIA musste feststellen, dass Island fernab jedweder Fremdbestimmung klare Worte spricht. Kaum mittels Privatjet gelandet, zwecks Ermittlungen in Richtung Julian Assange, forderte Islands Innenminister jene Herren dazu auf, das Land unverzüglich zu verlassen.

Keinesfalls wundersam, denn wenn selbstbewusste Menschen auferstehen, Elfen aus dem Herzen sprechen, kann keine Schreckensherrschaft ihre Wirkung entfalten. Isländer leben angstfrei, gestalten ihr Leben aus freien Impulsen heraus. Schnell wurden Stimmen laut, dass Island als kleines Land im Gegensatz zu großen Staaten ganz andere Möglichkeiten hätte.

**Das freie Herz – Wikingermentalität trifft Elfenzauber**

Bei genauerer Betrachtung zweifelsohne eine faule Ausrede. Wohlstandmüdigkeit, unnatürliche Angstfaktoren bestimmen das Leben sämtlicher Völker. Hinsichtlich stetigen Konsumrausches sowie dem trügerischen Massenspaß fehlt Einigkeit, humane Herzen können mitnichten unabhängig leben, wollen scheinbar indirekt geleitet werden.

Anders die Isländer, ein Volk lebend vom Fischfang, natürlichen Arbeiten. Island verbindet Traditionen samt höchstem technischen Fortschritt. Im Bildungssystem anderen Staaten weltweit überlegen bewahren Isländer gerade deshalb ihre Wurzeln. Was Elfen sagen, ist Gesetz, ansonsten gilt, sich niemals Tyrannen ergeben.

Nach ihren Schlachten ließen sich Wikinger in Island nieder, als Bauern. Trotz Sturm, Feuer, Wasser konnte vieles gedeihen. Bis heute achten Isländer ihre Heimat, respektieren starke Naturelemente, handeln niemals entgegen bestimmter Naturgesetze.

Das geht in keinem anderen Land, sagen Sie? Falsch! Es geht sehr wohl, quasi über Nacht. Beispiel Deutschland. Millionen Menschen leben fremdgesteuert bzw. in Not, dank herrschender Finanzkrise. Warum gehen nicht einfach alle geschlossen auf die Straße, tragen korrupte Politiker sowie Banker aus ihren Gebäuden? Ganz einfach, Europa diskutiert zuviel. Altkluge Reden, große Worte, allerdings keine Taten. Ist das Zivilisation? Isländer probieren neue Ideen direkt aus, davon lebt wahre Wirtschaft! Hilft einer dem anderen, wächst der Glaube im Herzen, folgen mehr Menschen ihren Träumen, können Systeme innerhalb weniger Stunden komplett geändert werden.

Ich schließe mit einem eigenen Zitat:

Stolz und aufrecht, wie ein Fels in der Brandung, hört endlich den Schrei, handelt vereint zum Wohle eures Nächsten und lebt fortan zum ersten Mal wirklich frei!

Ihr
Joachim Sondern

## Globale Quergedanken: Störfaktor und Zeitmanipulation

Manchmal lässt einem die Momentaufnahme keine andere Wahl, als das Normalverhalten abzulegen. Journalisten berichten unter Berücksichtigung des Pressekodex, lassen ihre eigenen Gedanken keinerlei Spielraum. Was aber, wenn Quergedanken immer stärker werden? Ganz einfach, dann zieht man sich zurück, ordnet sämtliche Gedanken und fängt an, diese schriftlich zu verarbeiten.

Innerhalb der letzten Jahrzehnte waren viele Menschen so dermaßen mit ihrer eigenen trügerischen Reputation beschäftigt, dass kaum jemand merkte, wie drastisch unsere Lebenszeit verkürzt wurde. Traurigerweise unterstützen Milliarden Menschen weltweit diese Zeitmanipulation. Sie sagen, dass niemand Zeit beeinflussen kann? Wer die Wirtschaft kontrolliert, diktiert menschliche Lebenszeiten. Hinsichtlich der Leistungsgesellschaft, in welcher Menschen verweilen, keineswegs verwunderlich; schließlich möchte kaum jemand als „faul" gelten.

Bei genauerer Betrachtung entstand allerdings Resignation, nicht gleichzusetzen mit „Faulheit". Kein Mensch ist von Geburt her leistungsunwillig, erst desolate Umwelteinflüsse sorgen mitunter für Leistungseinbrüche. Menschen, welche dauerhaft Existenzängste erleiden müssen, wie Maschinen Zwangsberufe ausüben, anstatt gemäß ihrer Prägung einer erfüllenden Tätigkeit nachzugehen, erkranken oftmals.

Sämtliche Abläufe, privat sowie beruflich, werden heute mittels Terminkalender fixiert. Die wenigsten Menschen können damit klarkommen, weil Herzen keinerlei Programmierung bzw. Organisation stillschweigend hinnehmen. Das Herz schützt vor negativen äußeren Einflüssen, ignoriert man dessen Signale, reduziert sich die restliche Lebenszeit drastisch.

Bereits im Kindergarten fangen Zeitdiktate an, hinweg über Schule, Studium, Ausbildung bis hin zum Berufsalltag, wodurch selbst Familien ihre gesamte Freizeit entsprechend planen.

Bevölkerungskontrolle wird somit zum Kinderspiel für herrschende Systemvertreter. Aufgrund etlicher durchgeplanter Bürger kennen Eliten den kompletten Tagesablauf der gesamten Menschheit.

Ergo entstehen psychologische Profile, woraufhin wiederum mögliche Störfaktoren bereits im Ansatz unterdrückt werden. Sobald einige Menschen also neue Visionen entwickeln wollen, aus dem System ausbrechen, gliedern Systemläufer sie wieder ein. Warum ist das möglich? Ganz einfach, wer ausbricht, erhält kaum Spielgeld, erkennt folglich, dass Armut die meisten Zeitressourcen verbraucht.

Stören wäre infolgedessen lediglich im Falle eines ganzheitlichen Bewusstseinswandels sinnvoll. Verstehen Menschen den wahren Sinn des Lebens, arbeiten über Nacht Millionen Menschen einzig, um zu leben und nicht umgekehrt, so wird zweifelsohne kein Zeitdruck mehr vorherrschen, da die Lebensqualität kontinuierlich steigen würde!

Ihr

Joachim Sondern

## Europa: Traum vom Frieden löst sich in Luft auf

Ein Europa, das Menschen vereint, zum weltweiten Frieden beiträgt, darum sollte Europas Bevölkerung sowie deren Politiker stets bemüht sein. Gegenteiliges ist jedoch leider der Fall: Menschen lassen sich gegeneinander aufhetzen, soziale Strukturen werden minutenschnell verwettet. Kaum nachvollziehbar diese desolaten, menschenverachtenden politischen Entscheidungen, und doch sind sie traurige Realität.

Viele Bürger wollen inzwischen davor fliehen, müssen aber feststellen, wie schwer jene Flucht sein kann, denn Freiraum ist ein Luxusgut geworden. Keinesfalls mithilfe normaler Arbeit bezahlbar, sondern exklusiv gewissen „Kräften" vorbehalten. Tja, wer im bürgerlichen Konkurrenzkampf verweilt, anstatt gemeinsame Wege aufzubauen, findet inmitten lobbyistischer Labyrinthe keinerlei Türen, der Traum vom Frieden löst sich in Luft auf.

## Wo Unrecht zu Recht wird, wird Widerstand zur Pflicht

Ergo versuchen derweilen verschiedene Völker Europas, getreu dem Zitat „Wo Unrecht zu Recht wird, wird Widerstand zur Pflicht", welches Bertolt Brecht zugeordnet, Probleme aufzuarbeiten. Indes erkennen lediglich vereinzelte, kleinere Widerstandsbewegungen die Gefahr hinter Wutprotesten. Gewalt erzeugt Gegengewalt, resultierend daraus entstehen wiederum unkontrollierte Aufstände, worauf Staatsmächte mit Polizei oder gar Militär antworten.

Mitnichten verwunderlich, schließlich gilt seit Jahrhunderten: Wo politische Institutionen versagen, entgegen dem Volkswohle agieren, folgt unweigerlich ziviler Ungehorsam. Zweifelsohne fatal, denn aufgrund fehlender zwischenmenschlicher Einsicht, nach dramatischen kriegerischen Ereignissen direkt nachhaltige Veränderungen zu erwirken, klammern Massen weiterhin an altbekannten Methoden. Der 3. Weltkrieg hat somit unlängst begonnen.

Hinsichtlich aktueller Proteste stellt sich die Frage: Warum haben Menschen über Jahrhunderte nicht begriffen, dass politische Verantwortung über Wahlen hinaus geht? Würden Menschenmassen frühzeitig gemäß ihrer Verantwortung konstruktiv handeln, wären Proteste unnötig, da derart dramatische Mißstände bereits im Ansatz verhindert.

**Frieden existiert, wenn der Mensch Menschlichkeit lebt**

Nunmehr gibt es allerdings Barrieren, da politische Eliten über Jahrzehnte hinweg ihre Saat verbreiteten ohne jedweden Einspruch. Wollen Bürger weitere Kriege sowie soziale Mißstände verhindern, bleiben ihnen verschiedene Möglichkeiten außerhalb eines klassischen Protestes. Wer gegen Atomenergie mobil macht, sollte erstmal seinen eigenen Stromverbrauch betrachten.

In jedem Bereich kann Mensch zu Mensch neue vertrauensvolle Strukturen errichten, fernab entsprechender Fremdbestimmungsmaßnahmen. Konzepte sind vorhanden, was fehlt, sind Menschen, die sich einfach an deren Umsetzung versuchen, anstatt endlosen Diskussionen zu frönen.

Fällt Europa, entwickeln Verantwortliche aus Protesten lukrative Geschäftsmodelle, verfolgen wiederum eigene Interessen. Einem einsamen älteren Menschen zuhören, die eigene Familie stärken, Zeit für Mitmenschen aufbringen – das wäre wahrhaftiger Protest ohne kriegerische Hintergedanken.

Keine bürgerliche Forderung wird jemals umgesetzt, wenn Europas Bevölkerung jene nicht vorlebt. Europa als letzte Festung darf keineswegs fallen, ansonsten besteht gar keine Friedenshoffnung mehr!

Ich schließe mit einem eigenen Zitat:

Der größte Wunsch eines Journalisten ist es, den Menschen da draußen etwas Positives mit auf den Weg geben zu können, doch leider gedeiht nichts Gutes inmitten kontrollierter Machtkonstrukte, zumindest solange, bis Völker wieder anfangen, ihre Träume auszuleben!

Ihr

Joachim Sondern

## Spezies Mensch: Im Rausch der Superlative folgt die Ernüchterung

Irgendwann zwischen 4,4 und 10 Millionen Jahren soll laut Forschung die Frühzeit der Hominini begonnen haben, die sich schließlich mit bislang akzeptierter Out-of-Africa-Theorie zum archaischen Homo sapiens vor rund 200.000 bis 100.000 Jahren entwickelte. Die unter verschiedenen Gesichtspunkten kursierenden Theorien vom Affen, zum Menschenaffen bis hin zum Mensch selbst mögen allesamt durch Funde und genetische Vergleiche zustande kommen.

Die Initialzündungen zur Abkopplung von der Tierwelt hinein in die geistige Verstandeswelt vermag einen gänzlich anderen Verlauf genommen haben, durch die Annahme einer sich entwickelnden Genkettenabfolge oder aber den Einflüssen aus dem Kosmos, was wiederum eine gezielte Manipulation daher nicht ausschließt. Als eine mögliche Wahrscheinlichkeit kann man dies durchaus in Betracht ziehen, wenn wir hinnehmen müssen, nicht die einzigste Spezies im Universum zu sein! Aber Spezies Mensch entwickelte sich im Rausch der Superlative, folgt nunmehr die Ernüchterung, wo die Grenze der Zerstörungsgewalt längst überschritten?

## Kräftemessen – einfach nur schneller und höher?

Menschliches Denken spornte stets die Entwicklung an, die Kräfte untereinander zu messen. Unabhängig vom Gedanken einer militärischen Überlegenheit, in dem sich sehr vieles verpflichtete, was Menschheit erschaffen, wenn wir ganz konsequent den Sinn bestimmter Erfindungen feststellen, sie zurückverfolgen von ihren Anfängen bis hin zu den Einsätzen, vergleichen wir uns in sämtlichen Lebenslagen. Also herrscht ein ständiger Wettbewerb.

Am 16. August 2009 sprintete der Jamaikaner Ursain Bolt in Berlin im 100-Meterlauf in sagenhaften 9,58 sec. Und erreichte zwischen dem 60. und 80. Meter eine Spitzengeschwindigkeit von 44,72 hm/h.

Die höchste Geschwindigkeit der Schienenfahrzeuge schaffte der französische Hochgeschwindigkeitszug „TG V (V150)“ am 03. April 2007 mit 574,8 km/h, die nur von der japanischen Magnetschwebebahn „JR-Maglev MLX 01“ mit rund 6 km/h schneller getoppt werden konnte.

Zehn Jahre zuvor durchbrach am 15. Oktober 1997 Stan Barrett mit dem strahlgetriebenen Fahrzeug „Trust SSC“ die Schallmauer mit 1.27,985 km/h und fuhr die bislang höchste Geschwindigkeit in der Wüste Black Rock Desert in Nevada (USA) für Landfahrzeuge.

Die NASA-Raumsonden Helios 1 und 2, ein Gemeinschaftsprojekt der USA und der BRD, erreichten die höchste je vom Menschen erzielte Geschwindigkeit mit 252.72 km/h. Bei der mittleren Entfernung zwischen Erde und unserem Mond (384.000 km) wären die Raumsonden nach ca. 91 Minuten an ihm vorbeigerauscht.

In der größten Stadt der Arabischen Emirate, in Dubai, steht das höchste Gebäude der Welt, welches Mensch bisher gebaut hat: der Burj Khalifa, 828 m hoch, ein Wolkenkratzer mit 163 nutzbaren Etagen von insgesamt 189 Geschossen, im 122. Stockwerk befindet sich das in einem Gebäude weltweit höchstgelegene Restaurant „At.Mosphere“.

**Mission Erde ein Experiment mit offenem Ausgang**

Knüpft man am Gedanken einer Mission an, die einzigen „ausgesetzten“ Bewohner der Erde, die Menschen selbst, sollen im Laufe der Entwicklung ihrer körperlichen und vor allem geistigen Fähigkeiten dafür Sorge tragen, irgendwann den Weg zurück durchs All zu suchen und zu finden, formuliert sich die brennend auf der Zunge liegende Frage: Welcher Zweck steckt dahinter, ein derart gewagtes Experiment mit offenem Ausgang zu wagen?

Zumal gerade seit letztem Jahrhundert die Menschheit sich in der Lage befindet, sämtliches Leben auf lange Sicht gleich mehrfach auszulöschen, denken wir an die neun Staaten, die Atomsprengköpfe offiziell besitzen und jederzeit einsetzen können.

Stolz erkennt Homo sapiens mittels akribischer Forschung, daß sein Gehirn über 80 bis 120 Milliarden Nervenzellen verfügt, um im selben Atemzug zuzugeben, wie perfide militärische Waffensysteme uns alle nonstop weltweit bedrohen. Solange Mensch es nicht bewältigt, seine eigene Spezies zu respektieren, in dem eine friedliche Co-Existenz vorherrscht, lauert stets das Damoklesschwert einer vernichtenden Zerstörungsgewalt über ihn, sind sämtliche kosmische Expansionsideen eine wirklichkeitsfremde Illusion. Mögen wir nicht nur eine solche Einsicht hegen, sondern sie umsetzen, bevor Experiment Homo sapiens ein dramatisches Ende findet.

Ihr

Lotar Martin Kamm

**Parteipolitik – ihre Doktrin im Wechselspiel mit den Mächten**

Die Partei legt ihr Programm fest und sämtliche Delegierten richten sich nach den politischen Vorgaben. Mensch fühlt sich geborgen und aufgehoben im beschützten Schoß der Gruppe, wo Gleichgesinnte auf derselben Wellenlänge ihre Ziele verfolgen und durchsetzen in politischen Auseinandersetzungen. Das braucht eine gesunde Demokratie und verhilft ihr somit, sie bunt und abwechslungsreich zu gestalten.

So weit der Idealfall einer gesunden Politik, wie wir alle sie uns in freien Gesellschaften wünschen. Aber die Realität offenbart ein ganz anderes Szenarium: Parteipolitik ordnet sich unter, ihre Doktrin im Wechselspiel mit den Mächten? Verwundern dürfte dies niemand, wer den Werdegang der Geschichte nicht vergessen, sondern genau verinnerlicht, denken wir, um in Deutschland zu bleiben, an die Weimarer Republik, an den Werdegang der Nazi-Herrschaft und die bald siebzig Jahre nach dem Zweiten Weltkrieg.

**Parteispitze und Basis – zwei Welten mit Aussicht der Entfremdung**

Mögen die Unterschiede zwischen der Jungen Union und der CDU selbst nicht allzu groß sein, allein schon bei der anderen großen Partei, die sich Volkspartei nennt, früher sogar ein Herz für Arbeiter hatte, erlebten wir des öfteren den Wandel zwischen ehrlicher Basisarbeit mit großen Idealvorstellungen bis hin zum sicheren Pöstchen, den eindeutigen Aufstieg der Karriereleiter, der so manches aus früheren Tagen vergessen ließ zugunsten völlig neuer Blickwinkel. Das hat ganz viel mit Seilschaften, Abhängigkeiten zu tun, die ähnlich wie eine riesengroße, verschwörerische Korruption funktionieren, ein Netz ohne doppelten Boden, aber mit Sicherheit getragen von Gefälligkeiten, stets gesteuert von Interessengruppen aus der Wirtschaft, die sich die Parteipolitik zunutze machen.

Denken wir an den siebten Bundeskanzler, der in Juso-Tagen am Zaun des Kanzleramtes rüttelte und sein „ich will hier rein" sehr gezielt um- und durchsetzte, vom Bundesvorsitzenden der Jusos zum Ministerpräsidenten Niedersachsens bis hin zum Bundeskanzler. Doch zwischen dem Leben an der Basis bis zur Parteispitze vergingen rund 20 Jahre, in denen sich auch Politiker ändern. Beispiele gibt es genug, denken wir an den Wandel der Grünen, eines ihrer schillernden Figuren, Joschka Fischer, an diese neue Partei, die die ganze Welt verändern wollte.

Im Interview selbst verwechselt allerdings Ludger Volmer das Älterwerden und dessen angebliches Dazulernen mit der Tatsache, sich eigentlich bestimmten Mächten unterzuordnen, sich anzupassen. Gleichwohl innerhalb der Umweltpolitik die Grünen real viel bewegten und dadurch ein noch schlimmeres Ausmaß an Umweltzerstörung verhindern konnten.

**Unabhängigkeit eine Illusion – im Würgegriff gewisser Autoritäten**

Schlimm genug, daß ein Rechts-Links-Denken hierzulande vorherrscht, wobei gemäßigte Parteien der Mitte wohl am ehesten die sichtbare Macht in Händen halten, diese dabei den Anspruch hegen, fürs Volk zu regieren, obwohl immer mehr politische Entscheidungen gezielten Interessen für bestimmte Lobbyisten dienlich getroffen werden. Als die Grünen noch die Oppositionsbank drückten, sah es eine gewisse zeitlang danach aus, daß sie ihre Ideen beibehielten.

Doch in Regierungsverantwortung folgte der Kompromiss, der Würgegriff gewisser Autoritäten gestaltete die weitere Politik. Wer glaubt, dies würde sich mit der LINKEN anders verhalten, falls ein rot-rot-grünes Regierungsbündnis je sich bilden sollte, verkennt die realpolitische Situation! Alles richtet sich nach den Vorgaben einer Wirtschaft, die letztlich den politischen Kurs bestimmt, denn einzig und allein die Herrschaft des Kapitals besitzt die eigentliche Macht.

Wir wissen das, Politik richtet sich danach, völlig egal, welche politischen Systeme vorherrschen, stets durchlebte Mensch in sämtlichen historischen Epochen dasselbe Abbild trügerischer Friedenszeiten, die so lange anhielten, wie gewisse Herrschaften dies wollten. Denn Kriege bedeuteten immer neu entstehender Reichtum durch Waffenverkauf, Ankurbelung einer neu wachsenden Infrastruktur und Wirtschaft, nach all der Zerstörung, wobei stets die Zivilbevölkerung zu leiden hatte.

“Parteibuch: politischer Katechismus, begründet in den Glauben an die Wirksamkeit von Beziehungen, festigt die Hoffnung auf ein sicheres Fortkommen und stärkt die Liebe zu wohldotierten Ämtern.” (Ron Kritzfeld)

Ihr

Lotar Martin Kamm

## Business-Alltag: Der total normale Wahnsinn fordert seinen Tribut

Immer dieses ewige Suchen nach Anerkennung oder Erfolg, was einen mitreißt in den Bann einer nimmersatten Oberflächlichkeit voller geschäftlicher Emsigkeit, die sich keinerlei Ruhe gönnt, sondern vielmehr fast schon fanatisch sich selbst beweihräuchernd feiert im ständigen Run der Superlative.

Minuten der Besinnung im Sekundentakt einer rapide wechselnden Informationsflut, die erbarmungslos auf uns niederprasselt, der Seele nicht im geringsten den notwendigen Raum der Entspannung verheißt, sie eher erpresserisch überlistend an den Rand der Verzweiflung drückt – all diese Begleiterscheinungsmomente im Business-Alltag: Der total normale Wahnsinn fordert seinen Tribut. Und wie lautet jener schon nach relativ kurzer Zeitspanne?

## Schroffe Ellenbogen verschaffen Spitzenpositionen

Gruppendynamik in Schulklassen läßt ihre ganz eigenen Spielregeln zu, die erst gar nicht lang gesucht werden müssen, sie sind ohnehin von vornherein klar, setzt sich doch nach ständig gleichem Muster das Recht des Stärkeren durch. Dabei offenbaren sich unterschiedlich ausgeprägte Methoden der jeweiligen Übervorteilten als uraltbekannte Muster, die dennoch nie ihr Ziel verfehlen. Interessanterweise fallen stets dieselben Lehrer darauf rein, ganz so als ob keinerlei pädagogische Schulung jemals stattgefunden hätte. Welch kritischer Beobachter kennt solche Szenarien nicht aus vergangenen Tagen.

Allerdings gelten solche Gruppenverhaltensmuster wie eine einmal geimpfte Bestimmung für den Rest sämtlicher Zusammenkünfte im weiteren Leben, sei es in der Ausbildung, im Studium, im Berufsleben bis hinein im geselligen Zusammensein wie in Vereinen oder losen Bekanntenkreisen. Sucht Mensch seine einmal gefundene Rolle stets aufs Neue? Das wäre ein entwicklungsmäßiger Fortschritt, um eigene Grenzen oder andere Perspektiven zu erhalten. Nein, er findet sich in der Regel damit ab. Und all jene, die schroffe

Ellenbogen schon früh einzusetzen begannen, verschaffen sich meist sehr zielstrebig ganz gewisse Spitzenpositionen.

Der eingeschlagene Weg, der ja in Schultagen bereits ergiebig trainiert, folgt den altbekannten Erfahrungswerten, findet nahezu problemlos ergebnisorientiert den zu erklimmenden Platz im beruflichen Umfeld. Einmal dort angekommen Zufriedenheit sich einstellt? Meist nicht!

**Jede Erfahrung ein Puzzleteil innerhalb eines unüberschaubaren Plans?**

Welches Gedankenmodell rechnet sich in logischer Abfolge bei Rückbesinnung bestimmter Lebensabschnitte, die gleichzeitig Indizien vermitteln können, was da richtig oder verkehrt gelaufen? Was hätten Sie denn gern: die nackte, atheistisch oder agnostische Sichtweise, die religiöse oder esoterische? Letztendlich darf ein jeder sich das raussuchen, was ihm real weiterhilft, zumal die geistige Haltung, wenn wir sie denn stets berücksichtigen, einfließen lassen, auch nur Mittel zum Zweck sein kann, weil Emotionen und ungelöste Probleme sowieso stets dazwischenfunken, uns irritieren auf der Suche nach dem Sinn unseres Lebens.

Rollentausch einmal zulassen, aber nicht nur für eine begrenzte Weile lang. Besser sie konsequent durchhalten, um deren Aspekte wirklich zu verinnerlichen und zu durchleben. Somit die eigene Erfahrung mittels einer anderen Perspektive verstehen lernen, ein völlig neues Puzzleteil innerhalb eines unüberschaubaren Plans entdecken, es annehmen und reflektieren. Vielleicht ergeben sich andere Wege?

**Raus aus dem Trott und rein ins Vergnügen**

Das Leben gestaltet sich eigentlich so bunt und vielfältig wie wir selbst es zulassen, zumal die Schöpfung gar keine Grenzen sich auferlegt hat – der Kosmos und somit die Gedankenvielfalt, alles Sein ist unendlich vorhanden, ganz egal, was Mensch daraus macht oder halt nicht. Um so notwendiger und dabei ziemlich erfrischend, horizonterweiternd, den Alltag mal hinter sich zu lassen, raus zu kommen aus dem Trott. Wer wagt es, die Tretmühle zu verlassen? Klar doch, in Hartz-IV-Zeiten, in konsumorientierter Geschäftswelt kein leichter Schritt, zumal eine normbehaftet gaffende Gesellschaft nahezu mutlos ohnehin alles skeptisch beäugt, was ihrem selbst auferlegten Korsett entweichen will. Dennoch sollte erst recht ein solcher Versuch es wert sein, um hinterher an Erfahrung reicher, die einem niemand mehr nehmen kann!

Wer seine eigenen Grenzen auslotet, darf sich zumindest dahingehend zurücklehnen, es versucht zu haben, egal ob am Ende er scheitert oder sogar erfolgreiche Erkenntnisse erhält. Denn eines sollten wir allesamt niemals unterschätzen: Wir sind stets auf Zwischenstation, die unterschiedlich lange uns beschäftigt wissen möchte, haben den Auftrag, mit jedem Atemzug unser Dasein zu gestalten, es selbst in der Hand, in gestresster Hektik durchs Leben zu wandeln oder die Notbremse zu ziehen, bevor ein folgenschwerer Tribut dies ungefragt übernimmt.

Ihr

Lotar Martin Kamm

## Arbeitsmarkt: Niedriglohnpolitik moderner Sklavenhandel

Deutsche Gründlichkeit hat ganze Arbeit geleistet. Während selbst europäische Nachbarstaaten inzwischen schon neidisch auf unsere Republik starren, weil hier eine Hartz-IV-Gesetzgebung installiert werden konnte, wissend, die deutsche Bevölkerung hält all die Jahre still, müssen sie eben andere Möglichkeiten finden, um die eigenen Pfründe zu sichern.

Jetzt zu Beginn des neunten Jahres mit Hartz IV (seit dem 01. Januar 2005) muß man weiterhin feststellen, in welcher Selbstverständlichkeit die Menschen diese sozialrassistische Gesetzgebung unter der Rot-Grünen-Regierung hingenommen haben. Kein wirklicher Widerstand organisierte sich, bis auf einige wenige sozialen Streiter, die zu keinem Zeitpunkt eine wirkliche politische Antwort zum neoliberalen Kurs der Bundespolitik entgegensetzten. Dem Arbeitsmarkt wurde mit der Niedriglohnpolitik ein moderner Sklavenhandel übergestülpt, den kein geringerer als der siebte Bundeskanzler Gerhard Schröder ins Leben rief.

## Das Heil der Mindestlöhne verspricht keine Besserung

Daß in den USA soziale Standards nahezu gänzlich fehlen, in sofern eine enorme Armut in der Großmacht alle Welt sehen kann, schockiert schon lange kaum jemand. Aber der ehemalige soziale Vorzeigestaat, die BRD, hat mit dem Abbau sozialer Errungenschaften, das ausgerechnet mit der alten SPD, nur allzu deutlich den Kurs des neoliberalen Globalismus jedem halbwegs kritisch politisch denkenden Menschen vor Augen geführt. Wer sich diesem nicht unterordnet, hat das Nachsehen! Mit dem richtigen Parteibuch in der Hand, mit einer knallhart ellenbogenartigen Mentalität, wobei Mobbing und ein McKinsey-Verhalten hilfreiche Instrumente auf dem Weg der Karriereleiter bedeuten, befindet man sich somit auf der Gewinnerseite.

Die Verlierer haben im „Heer der Hartz-IV-Empfänger“ oder als Niedriglohn-Aufstocker das Nachsehen, wobei unser Staat seit Beginn der Hartz-IV-Gesetzgebung an die 70 Milliarden Euro investieren mußte, um die völlig unzureichenden Löhne von Geringverdienern aufzustocken. Nach wie vor steht die Diskussion um Mindestlöhne im Raume, obwohl die vorgesehenen Höhen alles andere als sozial verträglich zu bezeichnen sind. Um dem Ganzen noch einen dringend seriösen Anstrich zu verpassen, wird einfach mal auf billige Arbeitskräfte in Supermarktketten hingewiesen, die nur für einen Stundenlohn von 5,70 € Regale einräumen, obwohl es im Lande weiterhin noch geringere Entlohnungen gibt. Man darf dabei getrost von einer gewissen Taktik sprechen, den dürftigen Mindestlohn salonfähig am Ende den Menschen zu verkaufen. Ein Fortschritt im Sinne eines sozialverträglichen Arbeitsmarktes und somit Zusammenlebens stellt dies keineswegs dar.

## Die Schere zwischen Arm und Reich ist gewollt – “Herdprämie” ein Druckmittel

Müssen wir davon ausgehen, daß die Schere zwischen Arm und Reich am Ende durchaus so gewollt ist? Auf der einen Seite eine sich sehr gut gehend lassende Elite der Reichen und auf der anderen Seite immer mehr Menschen, die in die Armut rutschen, dazwischen der Puffer einer stetig abbauenden Mittelschicht. Erinnerungen an gewisse Science-Fiction-Szenarien werden wach, die längst die Wirklichkeit einholen.

Wer sich genauer mit der Betreuungsgelddebatte befaßt, wird vielleicht die eigentliche Absicht bemerken, die sich dahinter verbirgt. Es geht gar nicht darum, ob Mütter wieder schnell zurückkehren in den Arbeitsmarkt oder nicht, unabhängig davon daß ein Betreuungsgeld von 100 €, wie jetzt im August vorgesehen, die notwendigen Kosten nicht annähernd abfangen kann, sondern einfach um billige Arbeitskräfte.

Deshalb wettert ein Arbeitgeberpräsident Dieter Hundt gegen das Betreuungsgeld, Hauptsache die Wirtschaft hat ihren Nutzen, was interessieren dabei die sozialen Belange der Menschen.

Wie schön, ein erneutes Druckmittel gefunden zu haben, um Unwillige umzustimmen. Alles hängt am Tropf einer völlig desolaten Wirtschaftspolitik, die sich nicht im geringsten um die Ängste und Sorgen der betroffenen Menschen kümmert, sondern einzig und allein im Sinne des neoliberalen Kurses handelt.

“Die Politik ist das Paradies zungenfertiger Schwätzer.” (George Bernard Shaw)

Ihr

Lotar Martin Kamm

## Island: auferstanden aus Ruinen – Regenerative Energie statt Euro

Mit einem Bruttoinlandsprodukt von 10,5 Milliarden Euro sowie seinen 319.575 Einwohnern (Stand 1. Januar 2012) ist Island die kleinste Volkswirtschaft innerhalb der OECD und sorgte vielleicht gerade deshalb für Aufsehen, als sie den Hochfinanzeliten bereits im Jahr 2010 verdeutlichte, dass sie nicht für unverantwortliche Fehler des Finanzmarktes haften wird.

Island, das wahre demokratische Herz Europas, setzte damit ein Zeichen: Wer dem Eurosystem noch nicht unterworfen, kann gemäß staatlicher Souveränität das Volk entscheiden lassen. Zweifelsohne zählen die Isländer aufgrund ihrer geschichtlich geprägten Mentalität ohnehin zu den wenigen freien Völkern, welche ihre Traditionen bewahren, diese würdigen, sich mitnichten beugen. Als Wikingervolk, dem Elfenmythos ergebend, knien sie niemals vor Tyrannen Thron.

## Börsen bedeutungslos – Europa muss von Island lernen

Generell folgen Isländer eher klassischen Wirtschaftsstrukturen. Sie lieben ihre Fischfangindustrie, konstruktive Dienstleistungen. Gleichzeitig nutzt Island Wasserkraft und Geothermie zwecks günstiger, ressourcenschonender Aluminiumherstellung. Die isländische Börse (ICEX) spielt jedoch keine große Rolle in Island. Bürger vertrauen realen, leistungsbezogenen Wirtschaftssektoren entgegen resteuropäischer Pokermentalität.

Ein verstaatlichter Bankensektor, hohe Inflationsraten wie auch diverse Abhängigkeiten zur traditionellen Fischfangproduktion verhindern Finanzmarktwetten.

Für Aktiengeschäfte oder Spekulationen bietet Island eine kleine, fundamentale Wirtschaft, keinen Entfaltungsspielraum. Infolgedessen sollten größere europäische Mitgliedsstaaten wie zum Beispiel Spanien über regionale, übersichtliche Wirtschaftsstrukturen nachdenken.

Kommunenwirtschaft unterbindet haltlose Finanzmarktwetten, da jene Strukturen keineswegs ins Weltbild sogenannter Börsenspiele passen. Nachhaltig, zentral, gemeinschaftlich und alternativ – genau das sollte Resteuropa nach Methode „Island" erlernen bzw. anders ausgedrückt: back to the roots. Wirtschaft, Werte entwickelten sich stets auf der Straße, durch die Kraft vieler ehrgeiziger Bürger, welche leider bis dato noch immer nicht erkannt haben, dass Menschen stets miteinander verbunden sind.

**Island – 100 Prozent regenerative Energie**

Das gilt selbstverständlich ebenso im alternativen Energiesektor. Island erzeugt seinen gesamten Strom aus regenerativen Energiequellen (75 Wasserkraft, 25 Prozent Geothermie). Darüber hinaus versorgen geothermale Heizsysteme 90 Prozent der isländischen Bevölkerung mit Wärme.

Hydro- und Geothermiekraftwerke statt Atomkraftwerke. Kommunale, zentrale Energieversorgungsnetzwerke – Alternativenergieeigennutzung an Stelle von Einspeisung – könnten ebenso inmitten größerer Länder ganzheitliche regenerative Energienutzungen ermöglichen. Jeder Standort bietet andere Voraussetzungen für jeweilige Alternativenergiequellennutzung, Menschen müssen diese lediglich einsetzen.

Auferstanden aus Ruinen zeigte Island Resteuropa, wie schnell ein Wandel nach einem gemachten Fehler tatsächlich erfolgen kann, wenn ein Volk wahre Werte samt natürlichen Ressourcen entsprechend kombiniert. Wie im Kleinen, so im Großen möglich, denn wo bekanntlich ein Wille, da auch ein Weg.

Ich schließe mit einem eigenen Zitat:

Wenn 319.575 Menschen gemeinsam etwas verändern können, dann kann sich überdies die ganze Welt verändern, fernab jedweden Starrsinns.

Ihr

Joachim Sondern

## 10 Stufen Lehrsystem – Harmonische Bildung

Blickend auf das heutige Bildungssystem, stellt man schnell fest, dass wir uns verfangen haben in einem einseitigen Schul- bzw. Lehrsystem, und das bereits seit vielen Jahren. Anstatt die 10 Grundbildungsjahre für den humanen Wissens, Handlungs- und Verständnisaufbau zu nutzen, setzt man heranwachsende Menschen unter Druck und verleitet sie dazu, nicht auf die Eigenerkenntnis zu setzen, sondern lediglich verschiedene Informationen im Verstand zu speichern.

Mitunter kommt es sogar vor, dass die Gesamtheit des Lehrkörpers die Jugend in ein Schema hineindrängt, nur um nach dem Gleichschaltungsprinzip ihren Job zu erleichtern. Das dies gewaltfördernd sein kann, davon möchte man nichts wissen. Wundert es Sie wirklich noch, dass der Ehrgeiz immer weniger wird bei unseren Kindern? Das die Konzentrationsfähigkeit nachlässt? Das zwischenmenschliche Beziehungen und ganze Familien auseinanderbrechen? Die Ellenbogenmentalität lässt grüßen, kann man da nur sagen. Wie man das ganze Gesellschaftswesen reformieren könnte, fragen Sie sich? Wie wir politische, ja gar wirtschaftliche Probleme lösen und endlich zu einem wahrhaftigen System des Friedens gelangen? All dies kann nur über das Bildungssystem funktionieren, denn es hat ja auch den Menschen über Jahrzehnte negativ geprägt.

Wir haben ein grundsätzliches Schulsystem von 10 Jahren, in welchem Kinder und Jugendliche auf das Leben vorbereitet werden sollen. Leider wird in diesen 10 Jahren durchgehend nur nach einem stumpfen Lehrplan gearbeitet, nicht aber nach einem individuellen und flexiblen System, dass alle Lebensfaktoren berücksichtigt. Dies wäre aber nötig, denn nur aus der theoretischen Informationslehre lässt sich kein starkes, demokratisches System weiterentwickeln, schon gar nicht im Bezug auf humane Basiswerte. Deshalb stelle ich hier ein 10 Stufen System vor, welches im Prinzip ganz simpel ist und die besten Methoden aus mehreren Ländern beinhaltet, als auch vollkommen neue Ansätze. Sie werden bereits in der ersten Stufe erkennen, dass es ein System ist, welches in andere gesellschaftspolitische Bereiche hineinfließt.

### 1. Schuljahr

Das erste Schuljahr eines Kindes muss familiär ausgerichtet werden. Sicherlich soll ein Kind Selbstständigkeit erlernen, aber nicht in Form einer Ellenbogenmentalität, sondern im Sinne des Für- und Miteinanders. Familiensinn ist wichtig und prägend für das ganze Leben, und genau deshalb müssen sowohl Eltern als auch Kinder lernen den Zusammenhalt zu stärken und füreinander da zu sein. Eltern sollen im ersten Jahr in der Form eingebunden werden, dass sie zweimal in der Woche bis zu 5 Stunden an der neuen Unterrichtsform teilnehmen. Im Sport- und Kunstunterricht zum Beispiel oder bei gemeinsamen Waldspaziergängen. Naturkunde muss in jedem Fall ab dem ersten Jahr wieder mehr an Bedeutung erlangen im Lehrplan. Diese teilweise kreativen Entwicklungsfächer bieten dann die Möglichkeit, dass man mit den Eltern gemeinsam Ideen entwickelt, sich mit anderen Familien austauscht und auch Pädagogen wieder deutlich an ihre tatsächliche Pflicht erinnert werden. Eltern bekommen so ein ganz anderes Verständnis für ihre Kinder, bekommen mit, was diese erleben und können sich auch ein Bild machen von dem Lehrkörper, was besonders wichtig ist. Der Arbeitgeber muss eine staatliche Regelung auferlegt bekommen, die Rücksicht auf die familiäre Entwicklung nimmt und diesen Freiraum einräumt, um an diesem Konzept teilzunehmen. Der Unternehmer hat davon später auch einen Vorteil.

### 2. Schuljahr

Im folgenden Jahr spricht man im Unterricht auch über Familienerlebnisse, lernt aufeinander einzugehen und setzt das um, was bisher auch aus familiärer Sicht vermittelt wurde. Anstatt wie bisher darauf zu setzen, dass man besser sein muss als seine Mitschülerinnen- und Schüler, hilft man sich einander und unterstützt sich gegenseitig: Schüler lernt von Schüler. Zweimal die Woche wird jetzt keine Familiensitzung mehr umgesetzt, sondern man spricht über Wünsche, Ziele und Träume der Kinder und lässt sie auch ihre Fantasie ausleben, in Form kreativen Schaffens. Eltern sind auch hier in der Form gefragt, dass man alle 14 Tage gemeinsam mit dem Lehrkörper an einer Wanderung teilnimmt. Kommunikationsaufbau, Verständnis stehen in diesem Jahr an erster Stelle, denn es ist im Zusammenhang mit dem mathematischen Einmaleins und dem ABC zu betrachten. Ein Kind, das sich verstanden fühlt und reden darf, lernt leichter und kann sich besser konzentrieren. Die Disziplinarmethode der Ruhe schon in jüngsten Jahren unterbindet die Gefühle eines Menschen und ist daher gänzlich zu untersagen.

**3. - 4. Schuljahr**

Die beiden letzten Grundschuljahre dienen dann der Vertiefung dieser Basiswerte. In unserem aktuellen Bildungssystem trennt man Eltern von den Kindern ab dem ersten Schuljahr, bildet sie zu Einzelkämpfern aus, und die Schwachen bleiben auf der Strecke. So manches Mal üben sogar Pädagogen Mobbing aus auf jene Schüler, die sich nicht dem Tempo anpassen können. Im Jahr 3 und 4 gilt es zudem den Wissensdurst zu wecken, und die Kinder langsam an die Wissensvermittlung heranzuführen. Allerdings unter dem Aspekt, dass sie nichts so hinnehmen müssen, sondern selber alles weiter entwickeln können, wenn es der innere Impuls sagt. Diese beiden Jahre sind besonders prägend und bereiten auf die nächste Basisebene vor, und genau deshalb ist ein System aus Asien zu übernehmen, um intensiv zu vermitteln, dass Gewalt keine Lösung ist, und Korruption das Leben zerstören kann. Im Einzelnen geht es um die Lehre Buddhas, um das Prinzip Tai Chi und Kata. Abgeleitet aus der Kampfsportkunst sollte ein jeden Tag 30 Minuten lang Wert gelegt werden, auf Bewegungstraining in Form von Kata und Meditation. So lernen Menschen in sich zu gehen, auf ihre Emotionen zu achten, auf die Bedürfnisse seiner

Mitmenschen und auch die Konzentrationsfähigkeit verbessert sich. Zudem entwickelt sich ein beständiges, positives Verhältnis zur Natur und anderen Lebewesen. Zum Abschluss des Unterrichtstages ist daher auch ein kleiner Spaziergang sinnvoll.

In den ersten 4 Schuljahren ist grundsätzlich zu verzichten auf klassische Hausaufgaben und auch auf eine Statuslehre. Aufgaben für zu Hause sollten sein: den Eltern beim Einkauf zu helfen, in der Natur sich zu bewegen oder eine kleine eigene Erfindung, wie ein Vogelhäuschen zu bauen. Das wäre dann Praxismathematik, Training der Sprachfähigkeit, etc. Wie viele junge Menschen haben heute Probleme laut vorzulesen, weil sie in sich verschlossen sind durch unser Lehrsystem und einfach nur die Praxis fehlt, da nicht auf zwischenmenschliche Kommunikation, ohne Angst geachtet wurde? Wenn man einem Kind in der Schule oder zu Hause immer sagt, dass es ruhig sein soll, es davon noch keine Ahnung hat oder es immer wieder vertröstet wird, sich mit Dauerstress auseinander zusetzen hat, dann ist es nicht verwunderlich, dass Verhaltensstörungen auftreten, denn in einem Käfig möchte kein Mensch aufwachsen. Denken Sie darüber einmal genauer nach, über diesen Käfig.

### 5. – 8. Schuljahr

Während in den ersten 4 Jahren massiv auf die Wesensentwicklung eingegangen und eine Basis für die Wissensvermittlung geschaffen wurde, dienen diese 3 Jahre nun dazu im klassischen Sinne Wissen zu vermitteln, aber den Schülern auch die Möglichkeit zu bieten, vieles selber zu erfinden und sich verstärkt auch der Natur zu widmen, denn das ist besonders wichtig in Zeiten der Pubertät. In der Ist-Situation wird der Schüler ab dem ersten Jahr bombardiert, dass er etwas erreichen muss, weil er sonst ein Verlierer sein könnte. Wissen über Wissen, aber keine Basis, die das verarbeiten kann. Verstehen Sie nun, warum es so wichtig ist, gerade die ersten 4 Jahre vollkommen anders zu gestalten? Unsere Gegenwart zeigt, dass wir keine Funktionsroboter oder skrupellose Manager benötigen, sondern kreative Menschen, offene Herzen und freie Seelen, die immer das Beste erreichen wollen, nicht im Sinne des Kapitals, sondern im natürlichen Sinne der Menschlichkeit.

**9. – 10. Schuljahr**

Die letzten beiden Jahren gehen wieder auf die Wünsche und Ziele der Jugend ein und befassen sich mit dem individuellen Berufsgedanken. Eltern waren gefordert in den ersten Schuljahren, und nun hat die Jugend eine Möglichkeit sich in den Berufsebenen zu erkundigen und zwar durch Befragungen der Eltern zu ihrem Berufsleben.

Außerdem sind mehrere Betriebserkundungen anzusetzen. Die Idee des Schulpraktikums ist aus dem alten System zu übernehmen, da dieser Ansatz ausnahmsweise mal wirklich gut ist. Im letzten Schuljahr sollen die Klassen dann in mehrere kleine Lerngruppen aufgeteilt werden, damit man jetzt an den Fähigkeiten des einzelnen Schülers arbeiten kann, gemeinsam nach seinen eigenen, emotionalen Auffassungen. Schüler sollen sich untereinander ergänzen und sich helfen und verstehen lernen, dass Geld ein Tauschmittel ist, aber niemals als Machtinstrument missbraucht werden darf. In diesem Alter haben Jugendliche die Reife sich mit den wirklichen Hintergründen von Kriegen, etc. zu befassen, und hier hat der Pädagoge die Pflicht, auf die tatsächliche Wahrheit einzugehen und nicht auf Märchen. Auch der Einsatz von grauenhaften Kriegsbildern ist zulässig, da man nicht oft genug verdeutlichen kann, wie grausam ein Krieg ist, und das ein Mensch niemals dazu berechtigt ist, einen anderen Menschen das Leben zu rauben – sei es nun im Alltag oder im Krieg, völlig egal. Gewalt kann man über diesen Bildungsweg verhindern, denken wir nochmals gerade an die ersten 4 Jahre. Die Meditation zieht sich durch alle Schuljahre und dient als Basis der inneren Verständigung.

Sie sagen, das bringt doch alles nichts? Dann sei mir die Frage gestattet: wo hat uns das alte Bildungssystem hingeführt? Die Kriege haben nie aufgehört, es wurde immer mehr Unheil erschaffen, wir sind einander fremd geworden, zerstören unsere Natur und achten auf gar nichts mehr, nicht mal mehr auf uns selber. Alles nur, weil man Roboter erschaffen musste, die gehorchen und ausführen, nicht aber hinterfragen und ein Leben lang in der gegenseitigen Hilfe leben können.

Dies war nur ein Auszug aus einem Bildungskonzept, welches ich derzeit entwickle. Probleme lösen kann man meiner Ansicht nach nämlich nur, wenn man bereit ist selber alles daran zu setzen, neue Konzepte zu ermöglichen. Ein solches Konzept hier nun aber im Detail vorzustellen, würde jeglichen Rahmen sprengen.

Ich schließe auch hier mit einem eigenen Zitat:

Wer sich verwehrt der neuen Prinzipien, wird sich den Herausforderungen des Lebens nicht stellen können, denn nur im Denkmal der Ewigkeit wird eine Seele niemals leben können.

Ihr

Joachim Sondern

**Bildungsreformen in der Sackgasse – wo bleibt der große Wurf?**

Wer den Weg des Gymnasiums wählt, verbringt in der Regel die Schulzeit bis zur Volljährigkeit, was oftmals mit dem Erwachsensein gleichgesetzt wird.

Nach der frühen Kindheit beginnt der „Ernst des Lebens", wie gern manche Eltern ihren jungen Sprößlingen gegenüber bemerken, um sie auf eine Schulzeit aufmerksam zu machen, die kein Zuckerschlecken bedeutet, sondern sehr viel Mühe abverlangt, die zu erwartenden Lerninhalte zu verinnerlichen, damit später im Berufsleben diese sinnvoll angewandt werden können bzw. auf die Studienzeit vorbereiten mögen. Klingt so herrlich einfach, wobei der kritiklos bescheiden Hinnehmende in sein Schicksal sich fügt, Hauptsache die Penne beendet, in die Arbeitswelt sich geflüchtet. Müssen wir nach wie vor feststellen, daß jahrzehntelange Bildungsreformen sich in der Sackgasse befinden? Wo bleibt der große Wurf?

**Die Unfehlbarkeit der Lehrer – zwischen Menschlichkeit und Pädagogik**

Jeder von uns kann ein Lied singen über die eigene Schulzeit, über tolle Lehrer und welche, die man am liebsten für immer wegbeamen wollte, um mal „Bezaubernde Jeanny" oder „Raumschiff Enterprise" zu zitieren. Lehrer haben die notwendige Aufgabe, ihren Schülern Lerninhalte zu vermitteln. Dabei spielen ihre eigenen Persönlichkeiten unbedingt eine zentrale Rolle, in wie weit sich Schüler beeinflussen lassen oder sich verweigern. Daß dabei Sympathie und Antipathie mit ins Spiel kommen, sollten wir nicht unterschätzen, selbst wenn Schulen immer wieder behaupten, die Lehrer würden ein hohes Maß an Neutralität bewahren, entspricht dies keineswegs der Realität. Eine Bevorzugung oder Herabwürdigung bestimmten Schülern gegenüber findet sehr wohl statt.

Diese Erkenntnisse, daß Lehrer ganz entscheidend über den Verlauf der Schulzeit wirken, ob positiv oder eben negativ, gibt es nicht erst seit heute, sondern schon so lange Schulen existieren. Im Zuge der letztlich mißglückten Schulreformversuche gerieten sie nur eher in Vergessenheit, alle anderen Umstände wurden als Schuldige gefunden, nur an der „Festung“ einer fundierten pädagogischen Ausbildung wollte niemand wirklich rütteln, mit dem Staatsexamen in der Tasche werden sie auf ihre Schüler losgelassen. Kein Geringerer als der Erziehungswissenschaftler und Direktor des Melbourne Education Research Instituts an der Universität von Melbourne, John Hattie, hat 2008 das Buch „Visible Learning“ geschrieben, in welchem die Ergebnisse seiner fünfzehnjährigen „Hattie-Studie“ einfließen. Brauchen wir tatsächlich ein solches Werk, um selbstverständliche Erfahrungen über den Sinn wertvoller oder eher unfähiger Lehrer uns verdeutlichen zu lassen? Dabei betrachtet Hattie weder Demokratiefähigkeit noch Kreativität oder stellt gezielte Fragen zu sozialen Belangen. Nein, da bedarf es wahrlich einer umfassenderen Betrachtung!

## Notwendigkeit eines grundlegenden Umdenkens

Aber selbst gute Lehrer haben sich nach den Vorgaben einer Wirtschaft zu richten, weil sich alles dann im weiteren Verlauf der Bildung in dem zu erwartenden Berufsleben richtet. Und genau dort müssen wir ansetzen, wenn wir generell etwas ändern wollen.

Die Notwendigkeit eines grundlegenden Umdenkens wird immer bewußter uns vor Augen geführt, falls wir tatsächlich etwas zum Guten bewirken wollen. Was spricht gegen eine harmonische Bildung, die im Einklang jedes Wesen berücksichtigt und nicht jene Ellenbogenmentalität anwendet, in der Verlierer untergehen und Gewinner sich behaupten? Gar nichts, ganz im Gegenteil, die Notwendigkeit, daß Mensch endlich begreift, in wie weit er sich zum Sklaven der Wirtschaft hat formen lassen, zeigt sich nun mal im Berufsleben selbst.

Wie Buergerstimme schon des öfteren anmahnte, daß nicht der Mensch der Wirtschaft dienlich sein muß, sondern die Wirtschaft sich nach dem Menschen richten sollte, verdeutlicht erst recht die Problematik des Bildungs- bzw. Schulwesens. Denn Bildung und Wirtschaft sind eng miteinander verbunden, weil Schule sich nach der Wirtschaft orientiert. Wenn diese Menschlichkeit im Fokus sämtlicher Überlegungen umgesetzt wurde, kann auch die Bildung völlig neue Wege finden und gehen, die eine spürbare Erleichterung für alle bedeuten.

**Entschulung ein möglicher Weg?**

Hat ein Ivan Illich womöglich nicht ganz unrecht, der in seinem 1971 erschienenen Buch „Deschooling Society“, die Idee der Entschulung aufgreift, Schule als eine Autorität für die Ökonomie interpretiert, Menschen dahingehend vorzubereiten, ständig sich wiederholende Arbeiten bis ans Lebensende vollrichten zu müssen, in Schulen gedrillt zu Gehorsam, Fleiß und Pünktlichkeit, das hierarchische Denken einzuüben für eine Welt der Leistungskonkurrenz und Normkonformität?

Ob schon vorher Paul Goodman, der das etablierte Schulsystem vehement kritisierte oder später ein Hartmut von Hentig, der statt einer Abschaffung der Schule eine radikale Reform befürwortet, eines sollten solche Überlegungen verdeutlichen: Es kann und darf nicht einfach eine dermaßen am Menschen vorbeigehende Pädagogik in der Bildung hingenommen werden, sondern es muß sich vieles ändern.

Schon Mark Twain bemerkte völlig zurecht:

“Für mich gibt es wichtigeres im Leben als die Schule.”

Ihr

Lotar Martin Kamm

## Bildungslobbyismus zerstört humane Freiheit

Die Menschheit lebt auf der Überholspur, getreu dem Zeitgeist: schneller, höher, weiter. Um jeden Preis versuchen Bürger weltweit den Anforderungen des elitären, globalen Systems gerecht zu werden, weil sie vor jene System-Werkzeuge Angst haben, die Menschen ins soziale Abseits drängen, wenn diese ungehorsam.

Zweifelsohne erinnern solche Mechanismen an Sklavengemeinschaften, einem gewissen Bildungslobbyismus dienend, der humane Freiheit zerstört; wer nicht ins Bild passt, der Industrie hörig ist, muss mit dem Verlust seiner Reputation rechnen. Mitunter wird daher das berufliche Tempo samt Anforderungen bewusst in kurzen Abständen drastisch erhöht, damit Arbeitssklaven schnell an ihr seelisches sowie geistiges Limit gelangen, nach Feierabend lediglich Brot und Spiele fordern, jedwede alternativen Informationen außerhalb gewisser lobbyistischer Medienkonzerne jedoch gänzlich ablehnen.

## Lebenszeitverlängerung auf Antrag – die Bildungslobby

Selbstverständlich kann man es dem einfachen Bürger keineswegs übel nehmen, dass er etwas Entspannung benötigt, nach Feierabend nicht unbedingt noch weitere Belastungen ertragen will, schließlich bleibt ohnehin kaum Freizeit für Familie oder den eigenen innerlichen Bedürfnissen.

Bereits in Jugendzeiten, mit Beginn des Kindergartenalters, werden nachkommende Generationen ins Funktionsschema eingegliedert. Staatliche Erziehungsbeauftragte lehren jungen Menschen funktionalen Gehorsam, vermitteln Inhalte entsprechend rein industrieller Gesichtspunkte, wohingegen die freie menschliche Entwicklung kaum Anklang findet im Lehrplan. Egoismus, Ellenbogen, emotionale Unterdrückung, Einsatz von Masken, reine Berechnungen ohne humane Werte sowie die endlose Statusgier werden vom Bildungssystem gefördert.

Unabhängiges Denken, eigene gestalterische Entwicklung gemäß individueller Talente? Fehlanzeige, auf ganzer Linie. Pädagogen, die sich dem Machtspiel widersetzen, können meist einen neuen Beruf wählen, da ihnen die Hände gebunden sind inmitten ihrer lobbyistischen Kollegen, welche meist auch ein passendes Parteibuch besitzen? Zufall? Mitnichten!

Natürlich suggerieren Systemakrobaten dem Volk, wie wichtig ihre Bildungspakete doch seien, erzeugen extremen Prüfungsdruck, damit von Beginn an jeder freie Gedanke, sämtliche eigene Ideen und Gefühle keinen Platz mehr finden in dieser fremd gesteuerten Epoche. Warum sonst müssen Menschen in vorgegebenem Zeitraum gewisse Leistungen erbringen? Zeit ist das größte, offensichtlichste Bevölkerungskontrollwerkzeug elitärer Herrscher. Jemand der für eine Prüfung im Schnitt vielleicht 20 Minuten länger benötigt, welche allerdings von Bildungslobbyisten verwehrt, kann mit dem Wissen wesentlich effektiver umgehen, als jemand der pünktlich abliefert. Warum? Nun, der eine hat das Wissen ohne Hinterfragung abgearbeitet, um die Norm einzuhalten, bei dem anderen Wegbegleiter spielen mitunter Quergedanken eine wichtige Rolle.

Scott Eagle sagte einst zum Thema Zeit:

„Wozu brauchen wir die Zeit? Damals, in den alten Tagen, brauchten wir sie nicht. Wir richteten uns nach Anfang und Untergang der Sonne. Wir mussten uns niemals beeilen. Wir brauchten nie auf die Uhr zu blicken. Wir mussten nicht zu einer bestimmten Zeit bei der Arbeit sein. Wir taten, was getan werden musste, wenn uns danach war. Aber wir achteten darauf, es zu tun, bevor der Tag zu Ende ging. Wir hatten mehr Zeit, denn der Tag war noch ganz."

Wieder einmal ein Indiz für die wahre Logik des Lebens. Die Indianer agierten generell konstruktiver, da diverse Stämme fernab künstlich erschaffener Zeit agierten, sie erfüllten Lebensaufgaben in einem Zusammenspiel zwischen

Empfindung und Verstand. Reine Kalkulation war unnötig. Bildungslobbyisten sagen: Schneller, höher, weiter – aber der Mensch muss begreifen, dass er die stetigen Tempoerhöhungen nicht mehr lange überlebt. Bald lässt die Gesundheit ein Lebensalter von bestenfalls 50 Jahren zu bei einer solchen Entwicklung. Ergo wird jede Errungenschaft zur Farce deklariert.

Die explizite Gleichschaltung durch Bildungslobbyisten führte zur Zunahme von Süchten, Amokläufen sowie Suizidgedanken bei jungen Menschen, die für ihre Träume leben sollten. Wenn das Bürgertum bedeutet, kann jeder noch freie Wanderer getrost darauf verzichten. Kein Orden, keine Urkunde, kein Zertifikat kann einem Menschen das geben, was das Herz an Energie freisetzt, wenn wahre Freiheit es umgibt.

**Inspiration: die wahren Werte – das reale Leben genießen**

Deshalb sollte die Menschheit neue Wege erkennen, Träume umsetzen, um eine bessere Welt zu ermöglichen. Alle Menschen spüren bei Trennungen Schmerz. Warum also setzen sie weiterhin auf schnelle Amüsierliebe, anstatt über langfristige, jahrzehntelange Beziehungen nachzudenken, das Leben mit einem Menschen zu teilen und nicht laufend in wechselnde Partnerschaften sich selbst zu verlieren?

Familie, Zusammenhalt, Solidarität, Freundschaft, Mitgefühl, das ist wirklich wichtig. Die Erde bietet soviel Elemente von denen man lernen kann, schenkt der Menschheit: Wärme, Liebe und Zuversicht.

Wer die Ketten der Bildungslobbyisten sprengt, eigene Lernprozesse entwickelt, erkennt schnell den wahren Wert des Lebens, kann genannte Geschenke der Erde vorbehaltlos annehmen.

Eine indianische Weisheit besagt:

„Nimm dir Zeit, den Himmel zu betrachten. Suche Gestalten in den Wolken. Höre das Wehen des Windes und berühre das kalte Wasser. Gehe mit leisen, behutsamen Schritten. Wir sind Eindringlinge, die von einem unendlichen Universum nur für eine kurze Zeit geduldet werden."

Unter Berücksichtigung dieser Weisheit, kann Bildung vielfältig, frei, energiereich sich offenbaren – Menschen einfach miteinander verbinden. Das sind die wahren geistigen Reichtümer, keine Formeln oder Parolen; jene beherrschen Roboter ebenfalls.

Ich schließe mit einem eigenen Zitat:

Wer verweilt im Glauben, dass dauerhafte Zwangsleistung notwendig in unserer Gesellschaft, hat sein Herz unlängst verloren und wird seine Seele nie mehr wiederfinden, denn die Freiheit wird nicht weichen, trotz aller Bildungslobbyisten ihren Weg weitergehen, auch ohne den Menschen, dem schwierigsten Wesen dieses Planeten.

Ihr

Joachim Sondern

## Political correctness: „Und bist Du nicht willig, so brauch ich Gewalt“

Unter dem Deckmantel der Political correctness gestalten Hochfinanzeliten sowie deren politische Marionetten seit Jahrzehnten den Alltag aller Bürger. Sie alleine bestimmen gesellschaftliche Abläufe. Ob Arbeitnehmergehälter, Preispolitik, Erziehung, Familienfreizeit oder diverse soziale Faktoren, was Eliten auf Konferenzen beschließen, ist Gesetz. Mit einem demokratischen Rechtsstaat haben solche lobbyistischen Konstrukte zweifelsohne nichts gemein. Eine wirtschaftspolitische Matrix, die lediglich aufgrund verschiedener Werkzeuge fortlaufend funktioniert. Neben manipulierten Medien, verschiedenen Kriegsspielen und einer dynamischen Blitzwirtschaft spielen Bildungsfaktoren eine wichtige Rolle, wenn es darum geht, Bürger auf Kurs zu halten. Freie Bildungsprozesse werden mitunter bereits im Grundschulalter unterdrückt, Missgunst hingegen gefördert. Elterliche Erziehungsprozesse finden kaum statt, da berufliche Herausforderungen jedwede Zeit beanspruchen. Wer das künstlich erschaffene, vollkommen unnötige, massive Arbeitstempo nicht mitgeht, kann seine Familie kaum ernähren, dem Kreditsystem sei Dank.

## Geldsystem und Zwangskredite

Wer an Ausstieg aus diesem Matrixsystem denkt, wird indes über komplexe Zusammenhänge stolpern. Im jetzigen Mechanismus dient das Geldsystem einzig dem Machterhalt. Arbeitnehmergehälter reichen kaum zum Überleben, Kleinunternehmer stehen meist am Rande des Abgrunds. Ergo müssen viele Bürger heutzutage Kredite aufnehmen, um normale Lebensanschaffungen zu ermöglichen. Die Folge? Erpressbarkeit bezüglich Arbeitsbedingungen, dramatische Verschlechterung der eigenen Gesundheit. Warum? Nun, wer erst einmal dem Zinssystem erliegt, lebt ständig voller Ängste. Infolgedessen nehmen Bürger alle Bedingungen in Kauf, arbeiten inmitten menschenfeindlicher Dumpinglohnsysteme, machen unbezahlte Überstunden zwecks Arbeitsplatzsicherung. Darunter leidet selbstverständlich Körper, Geist und Seele, aber auch das Familienleben. Kinder sehen bzw. spüren, wie erschöpft ihre Eltern Abends etwas Ruhe ersehnen, keine gemeinsamen Aktivitäten mehr stattfinden, Wissen oder andere „Werte" einzig seitens staatlicher Pädagogen in ihrem Verstand implementiert werden. Menschen, die entgegen den Bildungsvorgaben nach freier Entwicklung streben, müssen starke Nerven besitzen, denn der Pädagoge im Land hält sich an des Erlkönigs Garant: Und bist Du nicht willig, so brauch ich Gewalt!

**Humane Wirtschaft nur über neues Bildungssystem möglich**

Derzeitige Bildungsstrukturen zerstören Träume, Ideenreichtum sowie gestalterische Vielfalt. Lernen nach industriellen Vorgaben, keinerlei Talentförderung. Das äußerst aufschlussreiche Gedicht „Erlkönig" von Johann Wolfgang von Goethe sollte vielen Menschen ein Begriff sein.

Dort lauten einige Zeilen wie folgt:

„Willst, feiner Knabe, du mit mir gehn? Meine Töchter sollen dich warten schön; Meine Töchter führen den nächtlichen Reihn und wiegen und tanzen und singen dich ein."

„Mein Vater, mein Vater, und siehst du nicht dort Erlkönigs Töchter am düstern Ort? Mein Sohn, mein Sohn, ich seh' es genau: Es scheinen die alten Weiden so grau."

„Ich liebe dich, mich reizt deine schöne Gestalt; Und bist du nicht willig, so brauch' ich Gewalt." – Mein Vater, mein Vater, jetzt faßt er mich an! Erlkönig hat mir ein Leids getan!"

Aus jenem Gedicht geht unmissverständlich hervor, in welch gefährlichem Rhythmus die Menschheit lebt. Verführungen, Reizüberflutungen wohin Menschen auch blicken, überall lauert der trügerische Ruf „Geld macht alles möglich“. Getreu des Menschen Natur versucht dieser daher, um jeden Preis viel Geld zu erhalten, um der Freiheit Willen in Form zeitlicher Ressourcen. Natürlich schafft das Geldsystem Sklavenstrukturen, da die Übermacht des Kapitals bestimmt, in welcher Form andere ihre Leistung erbringen müssen, dabei sollte in einer Demokratie stets die Art der Leistungserbringung dem Menschen selbst überlassen werden, in einer ohnehin schon extrem überlagerten Welt.

Verlockungen, entstehend aus oberflächlichen Spielchen, führen ins endgültige Aus, wodurch Widerstand ab einem gewissen Grad unmöglich, wie der Erlkönig bestens aufzeigt. Ob Bandbreitenmodell, Bedingungsloses Grundeinkommen oder andere humane Wirtschaftsmodelle – sie alle können lediglich erfolgreiche Umsetzung erwirken, wenn endlich ganzheitliche, humane Bildung vorherrscht, Menschen nach zwischenmenschlichen, verständnisvollen Aspekten heranwachsen. Was nützen neue Systeme, solange sämtliche Denkstrukturen des Menschen aus der alten Machtstruktur heraus sich ableiten? Nachfolgende Generationen ohne Gier, im Einklang mit Natur und Familienwerte könnten schaffen, was vorangegangenen Generationen verwehrt blieb: Freiheit, ein Geldsystem aufbauend auf humaner Selbstbestimmung.

Ich schließe mit einem eigenen Zitat:

Tausche politische Korrektheit gegen zwischenmenschliches Verständnis, denn der Mensch ist real, doch Politik nur ein Dämon, welcher aus der menschlichen Verwirrtheit heraus einst geboren.

Ihr
Joachim Sondern

**Politik 2.0: Schachspiel der Wirtschaftselite**

Wer die Bauern für den König opfert, verliert langfristig betrachtet sein gesamtes Königreich. Demzufolge sollten Herrscher ihre Bauern in ihrer freien Entfaltung vollends fördern, Gesetze erlassen, welche dem Volk dienlich und nicht der Wirtschaftselite. Zweifelsohne geschieht momentan jedoch genau das Gegenteil: Hochfinanzeliten werden getreu dem politischen Schachspiel 2.0 explizit hofiert, Bauern für kurzfristige Kapitalgewinnsteigerung gewisser Konzerne förmlich ausgebeutet.

Warum Volksmassen pflegen? Schließlich existiert genug Nachwuchs, global betrachtet. Sinkt in Deutschland die Geburtenrate, gleichen Herrscher mit Asien oder anderen Nationen diese Entwicklung aus. Ergo erweisen sich soziale Strukturen wie die Altersvorsorge als Farce, denn der humane Verschleiß unter extremen Zeitdruck nimmt seinen Lauf. Unweigerlich führt jenes Machtverhalten zur Frage: Warum leben Bürger fernab jedweder Selbstbestimmung? Die Antwort darauf ist denkbar simpel: Weil eine bereits in den 90er Jahren ausgearbeitete Finanzdiktatur nunmehr rapide umgesetzt, somit Basisdemokratie bereits im Ansatz verhindert wird.

**Staatliche Nachwuchskontrolle – Monopoly 2012**

Um die strategische Finanzdiktatur keinesfalls zu gefährden, suggerieren vom Staat geschulte Pädagogen dem Nachwuchs, dass alle Hinterfragungen auf Zahlen sowie Statistiken basieren müssen. Genau aus diesem Grund finden Bürger selbst in kritischen Artikeln alternativer Nachrichtendienste meist rechnerische Analysen. Über den wahren Wert diverser rechnerischen Fakten oder die Wahrhaftigkeit von Statistiken macht sich indes kaum jemand Gedanken.

Denkprozesse finden ausschließlich im vom staatlichen Bildungssystem vorgegebenen Rahmen statt. Was Menschen fremd erscheint, werten diese meistens als unrealistisch ab. Dabei liegt in den Querverbindungen die einzige mögliche Entschlüsselung wirtschaftselitärer Handlungen. Im Wesentlichen geht es hierbei nur um zwei Faktoren: dem Bildungssystem sowie erzieherischen Werten innerhalb der Familie.

Was bringen prekäre Fakten oder variable, geduldige Zahlen, wenn daraus resultierend keine nachhaltigen, menschlichen Werte geschaffen werden können? Verhindern trügerisch faktische Analysen Landraub, Armut oder Krieg? Ermöglicht hohe Bildung inmitten des jetzigen Systems zwischenmenschliches Verständnis? Bekommen kleine Unternehmen eine faire Chance, normale finanziell gut aufgestellte Existenzen aufzubauen? Nein!

**Neues Bildungssystem entgegen der Wirtschaftselite**

Akkordarbeit zum Wohle von Wirtschaftseliten kann keineswegs der Sinn bürgerlichen Lebens sein. Generell reicht das vorhandene Weltkapital für ein Wohlstandsleben aller Menschen aus. Doch weltweit arbeiten Bevölkerungsschichten stumm weiter, ohne die Stimme zu erheben, wenn ihre Arbeitsleistung wieder einmal dezimiert wird. Hauptsache irgendwie durchkommen, anstatt gemeinschaftlich neue Wege auszuarbeiten – so der Gedanke des Unterbewusstseins vieler Menschen.

Wie war das mit dem Königreich? Richtig, Könige können ohne Bauern ihr Reich keinesfalls langfristig aufrechterhalten. Infolgedessen sollten Fürsten verstehen lernen, dass ihre Macht im Einklang mit dem Volk deutlich werthaltiger sein kann, als in Abhängigkeit zur Wirtschaftselite Politik2.0 fortzusetzen. Schachspiele dieser Art schaden politischen Funktionsträgern sowie dem Volk gleichermaßen – spätestens dann, wenn Wirtschaftseliten nämlich andere Geldsystemkurse festlegen, ist ihr einst von jenen Herren erhaltenes Kapital genauso wertlos. Politische Stabilität erblüht mithilfe starker realer Wirtschaftsstrukturen, einem Volk, das glücklich, zufrieden unter dem gesundheitlichen Aspekt wirkt.

Kernpunkt? Das Bildungssystem. Menschen müssen wieder im Mittelpunkt der Bildung stehen. Individuelle Talente, das ganzheitliche Verständnis des Kollektivs im Zusammenhang mit anderen Lebewesen gilt es zu fördern. Verständnis, Selbstachtung, Selbstbestimmung, freie Denkprozesse anstatt einen Abfertigungslehrplan, der unmissverständlich gehorsame Funktionsbereitschaft stützt.

**Falsch verstandener Wohlstandsgedanke**

Daraus resultierend lernt die Menschheit endlich mit Wohlstand umzugehen. Dass dieser erst dann real existiert, wenn Menschen einander Wohlstand schenken, keinen alleinigen Anspruch darauf erheben. Überlegenheit ist eine kurze Erscheinung, kein Dauerzustand. Daher darf Wohlstand nicht in Zusammenhang stehen mit einem System, in welchem nur die Starken überleben. Wohlstand bedeutet Zufriedenheit sowie Hilfsbereitschaft.

Ich schließe mit einem eigenen Zitat:

Nichts muss bleiben, wie es ist, wenn wir unseren Verstand vom Herzen leiten lassen, fernab vorgefertigter, von Menschenhand geschaffener Bildungsnormen. Lernen kann der Mensch, welcher in der Lage, Vorurteile gänzlich abzulegen.

Ihr

Joachim Sondern

## Der Preis der Zivilisation: Massenarmut, Manipulation und Abhängigkeit

Was wäre, wenn plötzlich kein Geschäft geöffnet, kein großer Dienstleister mehr auf Knopfdruck vor der Tür steht? Wenn sämtliche Industriegeräusche verstummen? Die menschliche Psyche kennt lediglich einen gleichbleibenden Lebensrhythmus gänzlich ohne Variablen; das tägliche freie Handeln der Masse wurde mittels einer festen, manipulativen Gesellschaftsordnung bis dato unterdrückt.

Monopolgesellschaften, sogenannte Logen organisieren das Leben von Milliarden Menschen, bestimmen, wie deren Tagesablauf auszusehen hat. Demokratie sowie Selbstbestimmung existieren, zwecks Irreführung, lediglich auf einem Stück Papier. Ergo wurde das Volk immer abhängiger vom Konsumsystem, denn wer das eigene Dasein nicht unabhängig gestalten darf, fühlt sich hilflos und verfällt dem Betäubungsangebot der Logenindustrie.

## Eine Welt ohne Konzerne – wenn das Geld wertlos wird

Genau das beabsichtigen Eliten: der Mensch als Konsumroboter, welcher die Bewegung im Geldssystem gewährleistet, damit einige Wenige risikolos unermesslichen Reichtum erwirtschaften können. Interessengruppen spielen mit Menschenleben und letztendlich sogar mit ihrem eigenen Lebensraum, was sie aufgrund totalitärer Gier allerdings ausblenden.

Bisher geht ihre Rechnung zu Lasten des gesamten Planeten Erde vollends auf: Einfache Bürger werden geboren, genutzt, aussortiert. Ist der Mensch folglich nichts weiteres als ein Rohstoff? Angesichts der Tatsache, dass soziale Strukturen nur in Form gewisser Verwaltungsmechanismen existieren, kann man diese Frage leider nur mit einem eindeutigen „Ja“ beantworten.

Infolgedessen entstehen immer massivere Angstwellen innerhalb der durchschnittlichen Weltbevölkerungsschicht. Sämtliche Völker sehen keinen

Ausweg mehr, kennen ausschließlich das Leben in Abhängigkeit: Sicherung der Lebensexistenz, gefolgt von Spaß auf Raten. Das Berufsleben ist unlängst zum Druckmittel geworden; wer nicht dazu gehört, verliert seinen sozialen Status, angebliche Freunde, mitunter sogar seine Familie.

Zwar erscheint die Gesamtsituation dank gewisser Manipulationswerkzeuge dramatisch, konsequent betrachtet gibt es dennoch Auswege aus diesem wirtschaftspolitischen Machtfiasko. Als starke Gemeinschaft sollten Bürger eine eigene Geldentwertung einleiten, in Form eines Massenboykotts großer Konzerne. Einen Monat lang dürfte niemand bei Konzernen einkaufen, jegliche Produktionen müssten still stehen, als Zeichen gegen die herrschende weltweite Armut. Vorhandenes Kapital müsste den kleinen Unternehmern zu Gute kommen, von Mensch zu Mensch.

**Armut ist kein natürliches Problem**

Folglich würden Milliarden Menschen totale Armut verstehen lernen, da der durch Konzerne projizierte Luxus fortan Schall und Rauch wäre. Anfangs mag dieser Weg eine harte Umstellung sein, doch letzten Endes ist solch ein Handeln unabkömmlich. Zumindest wenn Menschen dem Kapitalkrieg ein Ende setzen wollen.

Der Westen darf nicht lachen, wenn Kinder in Afghanistan ihr Leben lassen müssen, Familien in armen Ländern mangels Unternährung oder fehlender ärztlicher Versorgung sterben. Selbst in den hoch gelobten Industrienationen, vor der eigenen Haustür wächst die Armut, schlafen immer mehr Menschen auf der Straße, leben ohne Versicherung oder regelmäßigen Mahlzeiten. Ob einfacher Angestellter in einer Industrienation oder afrikanischer Bauer, gemessen am kontrollierten Weltkapital leben alle einfachen Bürger in einer Existenzkampfgefangenschaft.

Wenn Völker einen Perspektivenwechsel ermöglichen, aus der Abhängigkeit einen eigenen Vorteil ziehen, um das Konzernsystem mittels Boykott zu durchbrechen, müsste niemand mehr hungern, die Erde könnte ihren Erholungsprozess starten, was wiederum eine nachhaltige Rohstoffnutzung zur positiven Folge hätte.

Warum eine Art industrieller Boykott? Nun, ganz einfach, wenn Eliten auf das frei verfügbare Kapital keinen Einfluss mehr haben, müssen sie weitere Teile an Kapital freigeben, ein Risiko eingehen. Auf jede Freigabe muss selbstbestimmte Volksverwertung eintreten. Die Folge? Unabhängigkeit, geringere Armut, neue Wirtschaftsstrukturen, die dem menschlichen Wohlergehen dienlich. Herstellung des Geldwertes durch vorige Volks-Geldentwertung.

Dieser Artikel entstand nach einem Gespräch mit Rosemarie Schumacher.

Ihr

Joachim Sondern

## Bürgerrechte: der schleichende Abschied bei totaler Überwachung

Die Twin-Towers des World Trade Centers und ihr Einsturz nach dem fragwürdigen Terroranschlag vom 11. September 2001 muß man als Startschuß werten, die Bürgerrechte weltweit deutlich einzuschränken. Mit diesem langsamen Abschied schwer errungener Rechte setzte eine totale Überwachung ein, deren Folgen wir heute längst nicht mehr übersehen können, außer man argumentiert weiterhin mit der Notwendigkeit der Anti-Terror-Gesetze.

Doch was die in hektischer Betriebsamkeit aufgestellten, rechtlichen Maßnahmen für den Bürger im Alltag tatsächlich bedeuten, sollte inzwischen immer mehr wachen Geistern auffallen. Mit der Unterhöhlung von eigentlich selbstverständlichen Freiheitsrechten können wir längst nicht mehr von einer freien, demokratischen Gesellschaft reden, sondern der angeblich notwendigen Sicherheit folgt viel eher eine große Unsicherheit in der Bevölkerung infolge der geschickt vernetzten Präventionsstrategie eines Überwachungssystems, dessen Ausmaß immer bedrohlichere Formen annimmt.

## Bürger- und Freiheitsrechte vs. Anti-Terror-Gesetze

Der Kontrollstaat hat längst begonnen, auch wenn man sich einredet, es gäbe Datenschutz und ein wachsames Auge durch das Bundesverfassungsgericht sowie unser Grundgesetz zur Einhaltung der Bürger- und Menschenrechte. Auch nicht mehr von der Hand zu weisen: Die enormen Möglichkeiten einer europäischen Vernetzung zur Beschneidung eigentlich selbstverständlich freier Demokratien durch den Lissabon-Vertrag. Die EU ein Garant dafür, dem USA PATRIOT Act gehorsamst Folge zu leisten. Sicherheit um jeden Preis stellt menschliches Zusammenleben auf den Kopf: Der Bürger hat inzwischen nachzuweisen, daß er unschuldig sei, per se steht er somit unter Generalverdacht, die wichtigste rechtsstaatliche Errungenschaft der Unschuldsvermutung hat einer möglichen Terrorgefahr sich unterzuordnen.

Polizei und Geheimdienste erhielten auch hierzulande Befugniserweiterungen, Staat und Gesellschaft besser kontrollieren zu dürfen mit den „Anti-Terror-Gesetzespaketen“.

## Ausbreitung einer Architektur der Sicherheit verdeutlicht den Überwachungsstaat

Schön, wenn wir von einer trügerischen Sicherheitspolitik uns „einlullen“ lassen, zumindest diejenigen, die immer noch an Recht und Ordnung glauben, weil es so herrlich einfach sein müsse mit der Argumentation, wer unschuldig sei, hätte ohnehin nichts zu verbergen. Dann nehmen sie ja bestimmt etliche Einschnitte billigend in Kauf, so dürfen ohne nennenswerte Hürden sämtliche Polizeien der Länder und des Bundes per Onlineverfahren geheimdienstliche Vorfeldinformationen einsehen, Geheimdienste selbst im Gegenzug polizeiliche Verdachtsdateien. Datenschutz gibt es schon bei kleinsten Verdachtsmomenten bis hin zu Präventivmaßnahmen allesamt im „Sinne der Terrorbekämpfung“ nicht mehr. So dürfen sie neben dem Grunddatensatz zur Identifizierung problemlos die Datensätze über die Angaben zur Religionszugehörigkeit, den Arbeitsplatz, Aufenthaltsorte, Bankverbindungen, Bildungsweg und Reisebewegungen einsehen. Bei einer polizeilichen „Schleierfahndung“ wird halt mal eben Ihr Pkw angehalten, kontrolliert und sogar durchsucht, und das ohne Anlaß, Begründung oder Verdacht! Da werden alte Erlebnisse aus Zeiten in der Zone der DDR wach, oder? Aber alles in Ordnung, selbst eine extrem zugenommene Video-Überwachung inkl. selbstverständlicher Aufzeichnung im öffentlichen Raum dient dem Alibi der flächendeckenden Sicherheit, die dennoch keineswegs dadurch erreicht wird, doch bestimmt der gläserne Mensch im Überwachungsstaat. Da darf man eigentlich nur noch „müde lächeln“, wenn das umstrittene Abkommen durch das EU-Parlament in Kraft tritt, Europa die Fluggastdaten an die USA weitergibt. Europa bzw. die Mehrheit der Abgeordneten in Straßburg knicksten brav gen großen Bruder über dem Teich!

**Überall Ängste und folgenreiches Stillhalten**

Die Rechnung ging bisher prima auf, muß man leider feststellen. Es regt sich viel zu wenig Widerstand in den Bevölkerungen Europas, weltweit, was die dramatische Entwicklung einer flächendeckenden Überwachung zugunsten des USA PATRIOT Acts anbelangt.

Alles ordnet sich den Vorgaben dieser fragwürdigen Vorgehensweise unter, Angst sucht sich ihren Weg, sei es, den Arbeitsplatz zu verlieren (angesichts zunehmender sozialrassistischer Tendenzen läßt sich der mündige Bürger somit hervorragend erpressen), in den Fokus von Verdachtsmomenten zu geraten, obwohl Unschuld vorliegt, plötzlich „inszenierte" Schicksalsschläge geschehen können (das sollte man nicht unterschätzen, wer „aufmuckt oder querdenkt", begibt sich in Gefahr) und viele andere Beispiele offenbaren dieses „giftige Klima" zwischenmenschlichen Daseins.

Mit anderen Worten: Die Gesellschaft zerfällt, wird mundtot gemacht, hat sich der Doktrin einer „scheinbaren" Sicherheit unterzuordnen. Gehorsamster Stillstand breitet sich in den Köpfen aus. Abschied der Bürger- und Menschenrechte zum Greifen nahe? Wenn wir dem nicht Einhalt gebieten, müssen wir dies am Ende tatsächlich feststellen.

Ihr

Lotar Martin Kamm

## Großkonzerne im Visier – schwindender Einfluß bei gleichzeitiger Abhängigkeit

Jede Kritik verhallt ungehört und mit ohnmächtigen Begleiterscheinungen ob einer gewissen Chancenlosigkeit, sich dieser Macht real entgegenstemmen zu können. Großkonzerne bestimmen schon lange weltweit das Wirtschaftsgeschehen, sämtliche kleinere Konzerne und mittelständische Unternehmen haben sich dem Machtkartell der Großkonzerne letztlich unterzuordnen, da diese politische Vorgaben und Entscheidungen diktieren.

Im Gegensatz zu global angestrebten, demokratischen Regierungsformen herrscht in der Wirtschaft viel eher ein diktatorischer Wind: Alles hat sich nach den Vorgaben der Großkonzerne zu richten, diese verdrängen Konkurrenten und somit kleinere Konzerne und Firmen. Sind Großkonzerne im Visier, mag man hierbei durchaus fast schon klischeehaft „das Schlucken und Aufkaufen“ im „Pretty-Woman-Stil“ zitieren, kann leider nur noch schwindenden Einfluß seitens der Politik bei gleichzeitiger Abhängigkeit der Gesellschaft feststellen.

## Doch ein marxistischer Monopolkapitalismus oder bewußt verkompliziert?

Warum einfach, wenn es vielmehr aufgrund historisch geschickt inszenierter Verflechtungen sowohl auf der politischen Bühne als auch in der Wirtschaft sich anbietet, die Völker und ihre Gesellschaften zu blenden, mittels Verschleierung ein Wirtschaftsnetz entstehen zu lassen, welches niemand wirklich durchschauen kann, wahrscheinlich die Großkonzerne selbst nicht mehr. Das stört diese allerdings kaum, ihr Fokus richtet sich einzig und allein auf ihr Anliegen: die Vormachtstellung auszubauen und zu bewahren.

Das im Marxismus verankerte Schreckgespenst eines Monopolkapitalismus am Ende längst eingetretene Wirklichkeit, zumal tatsächlich breite Wirtschaftszweige eine Monopolvormachtstellung genießen, Großkonzerne trotz staatlicher Kontrolle mittels Kartellrecht die Märkte der Schlüsselindustrien beherrschen? Ein einfaches, linear-historisches Schema wie der Marxismus dies vermutete, trat selbstverständlich nicht ein, sondern eine bewußt herbeigeführte Verkomplizierung sollte Kritikern der Großkonzerne und somit des Monopolkapitalismus Sand in die Augen streuen, weil eine gezielte Aufklärung deren eigene Machtstellung gefährdete.

## Kurzer Blick zu den Weltkonzernen mit dem größten Umsatz

Werfen wir doch mal einen kurzen Blick in die Liste *Fortune Global 500* der Zeitschrift „Fortune" vom 25. Juli 2011, in der die 100 größten Unternehmen sortiert nach deren Umsatz bezogen auf das Geschäftsjahr 2010 veröffentlicht wurden. Sicherlich, Öl regiert die Welt, und so darf nicht weiter verwunderlich sein, daß unter den ersten 10 Konzernen allein schon 6 aus der Öl- und Gasbranche stammen, an Nummer 2 *Royal Dutch Shell* mit Sitz in Den Haag und einem Jahresumsatz von 378,2 Milliarden US-Dollar. Aber der US-amerikanische Einzelhandelskonzern *Wal-Mart Stores Inc.* behauptet sich an erster Stelle mit einem Umsatz von 421,8 Milliarden US-Dollar und 2,1 Millionen Mitarbeitern, während die ebenso sehr umstrittene Schweizer *Nestlé-S.A.* auf Platz 42 rangiert und die deutsche *Metro Group* gerade mal auf dem 65. Platz, um mal die Lebensmittelgiganten untereinander zu vergleichen.

## Alles hat seinen Preis, aber nicht durch Fleiß, sondern durch Ausbeutung

Hierzulande sorgte die Bespitzelung der Lidl- und Schleckermitarbeiter für genug Schlagzeilen. Als am 02. Juli 1962 Sam Walton, der Gründer des *Wal-Mart Stores Inc.*, seinen ersten Wal-Mart in Rogers (Arkansas) eröffnete, wurde sicherlich noch ein halbwegs menschlicher Umgang mit den Mitarbeitern gepflegt. Doch spätestens seit dem Aufstieg gegen Ende der 1980iger Jahre änderte sich das. Während Wal-Mart für sich in Anspruch nimmt, daß seine Arbeitnehmer offiziell als gleichberechtigte Partner dem Unternehmen dienen, wird eine Gewerkschaftspolitik strikt abgelehnt. Kein Wunder, daß somit gewerkschaftlich organisierte Kollegen in den Supermärkten der Konkurrenz im Durchschnitt ein Drittel mehr verdienen als Wal-Mart-Angestellte. Ganz besonders bei der dreisten Einsparung am Personal offenbart sich der Erfolg dieses Weltkonzerns, die Ausbeutung nimmt ihren Lauf, sei es durch Kürzen der 30-minütigen Pause oder die Weigerung, Mehrarbeit einfach zu entlohnen. Die Schwäche des US-amerikanischen Arbeitsrechtes wird gnadenlos ausgenutzt, selbst wenn hin und wieder Gerichtsprozesse den Konzern per Urteile belangen, die Geschäftspraktiken unterstreichen seine Macht, die Angst vor Arbeitsplatzverlust hält die allermeisten Angestellten in Schach.

**Zurück zur Monopolstellung der Konzerne – wer stoppt sie?**

Solange wir wider besseren Wissens die Großkonzerne weiterhin gewähren lassen, selbst unsere gewählten Politiker tatenlos durch Nichtstun glänzen, ändert sich gar nichts an der tief verwurzelten Monopolstellung. Im Gegenteil, sie dürfen sich ungestraft und ungehemmt austoben auf dem Rücken einer Menschheit, die in Abhängigkeit sich begibt. Ein Wandel des Umdenkens braucht viel Zeit, wobei diese schon längst unsere Grenzen diktiert hat angesichts der zunehmenden Probleme, die uns noch erwarten aufgrund eines zügellosen Ressourcenabbaus, einer anhaltenden Umweltbelastung. Kleinere, regionale Unternehmen würden wesentlich behutsamer und nachhaltiger agieren, da sie sonst direkt betroffen wären, hingegen Konzernpolitik offensichtlich nur die Gewinnmaximierung vor Augen hat.

Ihr

Lotar Martin Kamm

## Leiharbeit in Deutschland: ein Volk ohne Perspektive

Ein rasantes Wachstum der Leiharbeit, im Volksmund auch Zeitarbeit genannt, sorgt im angeblichen Sozialstaat BRD für Unmut bei vielen Arbeitnehmern. Genau 806.132 Arbeitnehmer waren laut Statistik der Bundesagentur für Arbeit am 30. Juni 2010 als Zeitarbeiter beschäftigt. Mitte 2011 waren es bereits 910.000 Leiharbeiter.

Zweifelsohne ein dramatischer Anstieg. Unter Berücksichtigung der europäischen Wirtschaftskrise sollten Bürger damit rechnen, dass die Zahl der Zeitarbeiter Mitte 2012 bei über einer Million liegen wird. Sie haben richtig gelesen, in einer Industrienation wie Deutschland haben demzufolge etwa eine Millionen Menschen keine Perspektive mehr. Sie dürfen den „Dagobert Ducks" verschiedener Konzerne dienen, erhalten als Gnadenbrot einen Dumpinglohn, selbstverständlich ohne Anspruch auf sozialen „Luxus" oder einer geregelten Altersvorsorge. Willkommen in der BRD, im neusten Staat der USA, dem Land der unbegrenzten Möglichkeiten (Ironie aus).

Selbst der seit 2012 beschlossene Mindestlohn für die Zeitarbeiterbranche ist nichts weiteres als eine politische Farce. Zeitarbeiter erhalten im Westen einen Mindestlohn von 7,89 Euro, im Osten hingegen lediglich 7,01 Euro. Ab November 2012 erhalten Zeitarbeiter im Westen 8,19 Euro, im Osten 7,50 Euro – was gemessen an den Lebenshaltungskosten sowie den massiven Krankheitssymptomen, die durch den Zeitarbeitsdruck ausgelöst werden, nur eine schlecht gemeinte politische Phrase sein kann. Doch leider ist es Realität.

Ebenfalls besonders prekär: das Durchschnittsalter aller Beschäftigten der Zeitarbeiterbranche sowie die eigentliche Beschäftigungsdauer. Exakt 49 Prozent aller im Jahr 2011 aufgelösten Zeitarbeitbeschäftigungsverhältnisse dauerten keine 3 Monate. Etwa 38,5 Prozent aller Zeitarbeiter sind, gemäß eigenen Umfragen, zwischen 25 und 35 Jahren alt.

## Jugend ohne Perspektive – Familiengründung nicht mehr möglich

Besteht dennoch die Möglichkeit einer Zukunftsplanung für diese Menschen? Mitnichten! Familien zu gründen, wird faktisch unmöglich, denn egal wie idealistisch jemand seine eigene Familie pflegen möchte, gänzlich ohne Kapital sowie Sicherheit in Form fester Arbeitsverträge mit zeitgemäßen Gehältern ist ein Überleben im „Dagobert-Duck-Staat“ kaum möglich.

Dass junge Erwachsene infolgedessen immer „aggressiver“ auftreten, die offene Konfrontation mit dem Gesetz suchen, sollte indes niemand mehr verwundern. Auf der einen Seite mussten sie mit ansehen, wie ihre Eltern brav gehorchten, trotz aller sozialen Missstände, und auf der anderen Seite bekommen sie jetzt das ganze Ausmaß zu spüren, weil Generationen vor ihnen eben viel zu lange die Augen vor den wahren Fakten verschlossen haben. Ganz ehrlich, was ist den Eltern unter ihnen lieber? Dass ihr Kind seinen Kummer ertrinkt, zum Alkoholiker wird oder das es seinen Frust in Form von Kundgebungen Luft verschafft und für eine bessere Zeit einsteht?

Gerade im Alter zwischen 25 bis 35 Jahren möchten Menschen eine Familie gründen, mittels Arbeitskraft sorgenfrei leben können, auch mal die Freizeit genießen. Massive Jugendarbeitslosigkeit (293.000 im Februar 2012, natürlich ohne Maßnahmeteilnehmer) sowie 38,5 Prozent junge Zeitarbeiter verdeutlichen jedoch, dass gerade junge Menschen keine Visionen mehr umsetzen können, neue Ideen bereits im Ansatz aussterben. Doch genau die Umsetzung eigener Visionen erfüllt junge Menschen mit Leben, motiviert ihre Leistungsbereitschaft. Kein Konzern, keine Lobby hat das Recht dazu, die Träume ganzer Völker zu zerstören, damit diese folglich brav in Knechtschaft verweilen, als gehorsame Arbeitssklaven ihren Dienst leisten. So etwas verkaufen Politiker als Demokratie? Nun, solch eine imperialistische Wirtschaftsdemokratur stinkt gewaltig gen Himmel und hat mit humaner, basisdemokratischer Verantwortung rein gar nichts gemein. Wer

Familiengründung mittels diverser antihumaner Wirtschaftsmechanismen explizit verhindert, macht sich indirekt des Völkermordes schuldig, denn ein Wirtschaftskonstrukt, das keinesfalls im Sinne des menschlichen Wohlergehens agiert, trägt zum Aussterben eines Volkes bei, der sogenannten Bevölkerungsdezimierung.

**Moderner Sklavenhandel – Vollbeschäftigte im Dumpinglohnsystem gefangen**

Damit nicht genug: Der Sklavenhandel, das Dumpinglohnsystem geht nämlich weit über das Phänomen Leiharbeit hinaus. Laut Statistischem Bundesamt lag der durchschnittliche Bruttoverdienst in Deutschland im Jahr 2011 bei 3.311 Euro. Macht 39.732 Euro durchschnittlicher Bruttojahresverdienst. Eigenen Umfragen zufolge liegt der durchschnittliche Bruttoverdienst Anfang 2012 bei etwa 38.684 Euro. Netto, je nach Steuerklasse, erhält ein durchschnittlicher Arbeitnehmer folglich zwischen 25.000 Euro bis 34.000 Euro. Wie will man von etwa 2.833 Euro im Monat feste Strukturen aufbauen? Keineswegs möglich, solange Konzerne Preise in die Höhe treiben, wie es ihnen gerade gefällt, Banken das Geldsystem aufgrund eines haltlosen Finanzpokerspiels fortlaufend entwerten. Monopole verhindern freie Marktwirtschaft. Sicherlich reicht weniger Verdienst zum Leben, wenn der gesellschaftliche Kreislauf sich auf das Wesentliche beschränkt, das Geldsystem als Tauschmittel nutzt, fernab dem Spielgeldmechanismus gewisser Hochfinanzeliten.

Ihr

Joachim Sondern

## Europas Jugend erhebt sich gegen die Hochfinanzeliten

Kontinuierlich diskutieren ältere Generationen über neue Konzepte, suchen nach Fehlern, um Mitstreiter zu diskriminieren, anstatt als Gemeinschaft vorhandene, aktive Ideen konstruktiv weiterzuentwickeln. Infolgedessen werden zwar Stimmen laut, aber jedwede positiven Veränderungsimpulse verlaufen im Sande.

Ganz im Sinne des Machtschattensystems herrscht belanglose Stammtischmanier, wo eigentlich dynamischer Zusammenhalt von Nöten wäre. Kein Wunder, denn bisher unterdrückte die Altherrenerziehung revolutionäre Sichtweisen nachkommender Generationen mit Phrasen wie: „Wenn Du durchs Leben kommen willst, pass Dich an“ oder „Werde erwachsen, denk an Deine Zukunft“. Dass es jedoch keine positive Zukunft geben kann, wenn Menschen sich nicht für ein ganzheitliches Wohlergehen einsetzen, daran verschwendete leider niemand einen Gedanken.

## Krisenjugend: Rebellion wächst in wilden Herzen

So konnten im Laufe der letzten Jahrzehnte mehrere lobbyistische Bilderberger-Netzwerke entstehen, welche lediglich ein Ziel verfolgen: maximale Ausbeutung aller verfügbarer Ressourcen des Planeten Erde ohne Rücksichtnahme auf menschliches Wohlergehen, die Würde des Einzelnen. Dienen jene schließlich nur dem Zwecke der „Zwangsarbeit“. Ist ein Bürger aufgebraucht, wird er aussortiert wie eine leere Batterie und durch frischen Nachwuchs ersetzt.

Funktionieren konnten solche antihumanen Mechanismen einzig aufgrund der Tatsache, dass keine Generation den Ausbruch aus dem Machtschattensystem wagte, sie waren zufrieden mit dem zeitlich begrenzten, kleinen Wohlstandsgefühl.

Nunmehr allerdings verdeutlicht sich zunehmend, wohin das System führt, junge Menschen stehen gänzlich ohne Perspektive vor einem wirtschaftspolitischen Lobbyistenbollwerk, das System hat einen Kurzschluss; sämtliche Wohlstandsprojektionen fallen wie ein Kartenhaus ineinander. Ergo, wagen gerade Generationen, die in den 90er Jahre geboren, den Ausbruch, sind keineswegs mehr gehorsam, wollen eigene Lebensziele als Gemeinschaft verwirklichen, anders als ihre Eltern.

Laut diverser Studien, sowie eigenen Umfragen zufolge, fordern Jugendliche mehr Menschlichkeit, Geborgenheit – sie wollen in einer freien, transparenten, vorurteilsfreien Gesellschaftskultur mittels kreativer Widerstandsimpulse gestalterische Fähigkeiten umsetzen, fernab von staatlichen Vorgabenormungen. Endlich fängt eine Generation wieder an, aus dem Herzen heraus ihr Dasein anders zu ordnen, bravo!

**Geldsystem – ganzheitliche Sichtweisen ermöglichen Alternativen**

Einziges Problem? Die Macht des Geldsystems ist trotz aller Krisen scheinbar ungebrochen, die Abhängigkeit der Menschheit nach wie vor zu groß. Selbst harte Revolutionäre, die ihr Leben minimalistisch aufgebaut haben, fürchten um ihre finanziellen Mittel, denn Miete zahlen und essen möchte jeder Weggefährte gerne. Somit liegen humangerechte, ausgearbeitete Staats- bzw. Wirtschaftskonzepte weiterhin auf Eis.

Den einen Gruppierungen fehlt für die Umsetzung das Tauschmittel Geld, andere wollen wiederum nicht alles, was noch an Restsicherheit in ihrem Leben vorhanden, ewiglich verspielen, sie haben Angst vor dem dauerhaften, sozialen Abseits. Um ihnen diese Angst zu nehmen, müssen Konzeptentwickler einen gemeinsam Konsens finden, in Kompromissbereitschaft verweilen und dürfen keinesfalls wie bisher üblich, einzig auf ihre Idee beharren.

Es geht darum, das Potenzial aller vorhandenen vom System unabhängigen Impulse als Gemeinschaft auszuschöpfen, zum Zwecke eines ganzheitlichen, humanen Wohlergehens. Diese Ausarbeitung muss mit der revolutionären Jugend von heute erfolgen, denn es bedarf ihrer enthusiastischen, impulsiven Handlungen, um verschiedene Wege zu ebnen für andere Alternativen.

Andersartige, kulturelle Geldsysteme aus dem Herzen heraus, dessen Wertsicherung über kreative Aspekte und ganzheitlich humaner Bildung erfolgt, explizit ohne gegenseitige Unterdrückung, dafür steht Europas revolutionäre Jugend ein.

Ich schließe mit einem eigenen Zitat:

Wer die Reife eines Menschen an dessen Alter misst, hat das Leben an sich sowie den Wert seines eigenen Daseins in keinster Weise verstanden.

Ihr

Joachim Sondern

## EEG: Campact vs. INSM – Wölfe in Schafspelzen enttarnen

Kennen Sie tatsächlich das deutsche Gesetz für den Vorrang Erneuerbarer Energien, welches unter dem Kürzel EEG (Erneuerbare-Energien-Gesetz) für jede Menge Diskussionsbedarf seit seiner ersten Fassung im März 2000 sorgte, in ausführlicher Gänze? Nein? Macht nichts, denn die Thematik um die erneuerbaren Energien ist äußerst komplex, zumal in den vergangenen zwölf Jahren manches revidiert wurde oder technisch sich verbessern ließ.

Keine geringere als die INSM (Initiative Neue Soziale Marktwirtschaft) brachte es fertig, sich gegen das EEG zu entscheiden und entsprechend per Werbung dies zu unterstreichen. Das wiederum rief die Organisation Campact auf den Plan, um mit einer gezielten Aktion gegenzusteuern. Begeben wir uns auf die Reise, um Wölfe in Schafspelzen zu enttarnen.

### Was bezweckt das EEG und welche Folgen hat es für die Stromverbraucher?

Laut EEG erhalten Anlagebetreiber über einen Zeitraum von 15 bis 20 Jahren eine festgelegte Vergütung ihres erzeugten Stromes, während der nächstgelegene öffentliche Netzbetreiber verpflichtet wird, die Anlage anzuschließen, den erzeugten Strom vorrangig einzuleiten und die gesetzliche Vergütung zu zahlen. Eine gezielte Förderung findet bei der Stromerzeugung aus Biomasse, Deponie-, Gruben- und Klärgas, Geothermie, solare Strahlungsenergie wie bspw. per Photovoltaik, Wasserkraft und Windenergie statt. Insbesondere bei Solaranlagen stehen günstige Darlehen seitens Banken wie der KfW, der GLS- oder der Umweltbank zur Verfügung, die ohne Eigenkapital für die Anlagekosten bewilligt werden. Die im Jahre 2008 beschlossene Novellierung des EEGs hat sich das Ziel gesetzt, einen 30 Prozent höheren Anteil erneuerbarer Energien an der Stromerzeugung bis 2020 zu erfüllen.

Lobeshymnen zum EEG, was die Wirksamkeit und Effizienz anbelangt, erteilte die EU-Kommission, der UN-Weltklimarat IPCC, das Deutsche Institut für Wirtschaftsforschung (DIW), die Internationale Energie-Agentur (IEA) und das Energieunternehmen EnBW. Dennoch zahlt am Ende der kleine Verbraucher oder der mittelständische Betrieb mal wieder die Zeche. Von Jahr zu Jahr stieg die Prognose zur EEG-Umlage. Betrug sie im Jahre 2004 noch 0,51 Cent/kWh waren es 2011 nahezu sieben Mal soviel mit 3,53 Cent/kWh!

**Welch „nettes Spiel" treibt hierbei die INSM?**

Zunächst muß man die berechtigte Frage sich stellen: Was verbirgt sich hinter der INSM?

Im selben Jahr wie der Entstehung des EEGs, allerdings rund ein halbes Jahr später, gründete der Arbeitgeberverband Gesamtmetall zusammen mit Wirtschaftsverbänden und Unternehmen die INSM mit dem hehren Ziel einer Denkfabrik. Dabei schreibt sie sich den Wettbewerb auf die neoliberale Fahne, muß man schon mal äußerst kritisch anmerken bei Betrachtung ihrer aufgestellten Forderungen: Abbau des Sozialstaates und des Kündigungsschutzes, ein Nein zu Mindestlöhnen, Anhebung des Renteneintrittsalters, Ausweitung der Privatisierung und Steuersenkungen. Kommt Ihnen bekannt vor?

Nein, hier fordert dies nicht etwa die FDP, sondern die selbsternannte Denkfabrik unter dem Vorsitz des ehemaligen Superministers, Wolfgang Clement, der besonders nachhaltig gegen Hartz-IV-Empfänger ebenso bekannt sein sollte und in diesem Sommer den Ex-Bundesbankchef Hans Tietmeyer ablöste. Auch andere bekannte Politiker setzten sich für die INSM ein, wie z.B. Oswald Metzger (vielen vielleicht bekannt aufgrund seines Parteienwandels, von der SPD, zu den Grünen und nunmehr bei der CDU), Arend Oetker (Befürworter und Unterzeichner des „Energiepolitischen Appells" der

Atomlobby zur Laufzeitverlängerung deutscher Kernkraftwerke), die ehemalige Grünen-Politikerin Christine Scheel und Lothar Späth, dem ehemaligen Ministerpräsidenten Baden-Württembergs, Vorsitzender des Aufsichtsrats der Herrenknecht AG).

Und jetzt ruft diese neoliberale Denkfabrik zum Gegenwind auf, in dem sie auf Deutschlands Bahnhöfen Plakate mit dem Slogan: "EEG stoppen – sonst scheitert die Energiewende" verteilen ließ. Demnach soll die Energiewende unbezahlbar sein, geht es nach den Vorstellungen der INSM, wobei man sich unbedingt fragt, was wohl dahintersteckt. Unter manchem Schafspelz verbirgt sich der eigentliche Wolf einer ewiggestrigen Atomlobby, die kein Tschernobyl noch ein Fukushima aufhält, Hauptsache der Profit stimmt!

Logisch, daß da auch die NGO Campact aufhorcht und mit entsprechender Gegenmaßnahme sich einsetzt, in dem auf 35 Flächen in den Hauptbahnhöfen von Berlin, Frankfurt, Hannover, Köln, Leipzig und Stuttgart für eine Energiewende mit EEG noch bis Heiligabend geworben wird.

Ihr

Lotar Martin Kamm

## Illegaler Holzeinschlag: Wer stoppt den kriminellen Kreislauf?

Weltweit findet weiterhin nahezu ungebremst illegaler Holzeinschlag statt und das trotz eines bereits seit Jahrzehnten gewachsenen Bewußtseins über den vielfach zerstörenden Raubbau letzter Ressourcen, das Vertreiben ganzer Naturvölker bis hin zur vollständigen Vernichtung der Regenwälder.

Das zweitgrößte Regenwaldgebiet der Erde, über doppelt so groß wie Deutschland, befindet sich im Kongobecken, zentral in Afrika gelegen. So wie überall auf der Welt wird auch dort illegal Holz eingeschlagen, keine UNO, keine anderen großen Organisationen oder Regierungen bietet dem Einhalt. Die Frage, die sich stellt, lautet somit: Wer stoppt den kriminellen Kreislauf?

## Ohne Nachfrage kein Holzeinschlag?

Der einfachste Weg wäre, wenn die Verbraucher endlich erkennen würden, daß sie selbst ziemlich entscheidend dazu beitragen können, diesen kriminellen, illegalen Holzeinschlag zu beeinflussen und letztlich zu verhindern, in dem sie schlicht und ergreifend sich weigern, tropische Hölzer zu konsumieren. Aber nein, es ist schick, seinen Freunden, Verwandten und Bekannten den tollen Parkettfußboden aus Doussie, Sapelli oder Wenge zu präsentieren. Und falls mal eine kritische Nachfrage fällt, beruft man sich einfach auf die geschönte FSC-Zertifizierung, die einem das sichere Gefühl vermittelt, es würde alles mit rechten Dingen zugehen, ein Gütesiegel beruhigt das eigene Gewissen, man hat sich daher „reingewaschen". Daß solch trügerische Alibi-Vorzeige-Siegel in Wirklichkeit das eigentliche Elend vertuschen, interessiert hinterher kaum noch jemand. Sollte es aber, weil jeder sich ein Stückweit mitschuldig macht!

## Regenwaldvernichtung zwischen offiziell und illegal

Im Grunde genommen müßte ein sofortiges Verbot zum Holzfällen nicht einheimischer Firmen verhängt werden, um den Fortgang der

Regenwaldvernichtung zu stoppen. Solange europäische und asiatische Holzfirmen für Hunderttausende von Hektar Regenwald Einschlagsrechte erhalten und dabei eine wirkungsvolle Überwachung nicht stattfindet, blüht der illegale Holzeinschlag, verbreitet sich die Korruption, um Wettbewerbsnachteile zu vermeiden, leiden sogar Nationalparks darunter, wo ebenso mithilfe krimineller Machenschaften Tropenholz verschwindet. Dabei dient der Verschleierung das Fälschen der Inventurergebnisse bis hin zu den Nutzungszahlen. Aber auch Steuerabgaben sowie Zollkontrollen werden umgangen. Anstatt den offiziellen Transportweg zwecks Erfassung und Besteuerung über einen Fluß zur Hauptstadt Brazzaville zu wählen, umgehen die Holzfirmen diesen und benutzen eine Route über Kamerun in die Hafenstadt Douala, wo keine Exportkontrollen stattfinden. Und wenn Sie meinen, das alles sei übertrieben, für was gäbe es denn eine FSC-Zertifizierung, möge sich nochmals unseren Artikel über den Tropenholzverzicht vergegenwärtigen.

**Eine vollständige Zerstörung sollte wachrütteln**

Wer sich das nächste mal ein wunderschönes Hochglanzprospekt eines Tropenholzparkettfußbodens betrachtet, sollte dabei die vollständige Zerstörung des Regenwaldes sich vergegenwärtigen. Keineswegs werden gerodete Wälder wieder genau so bewirtschaftet, wie es eine nachhaltige Waldnutzung vorsieht mit längerfristig empfohlenen Bewirtschaftplänen. Man ignoriert das Gebot einfach, schaut eh keiner so genau hin. Die Ur-Bevölkerung des Kongo-Beckens hat mit den Folgen weiter zu leben, eine Fortführung ihrer traditionellen Lebensweise als Jäger und Sammler wurde ihnen knallhart genommen. Hinzu kommt eine Kettenreaktion der Artenvernichtung von Pflanzen und Tieren, die beim Raubbau unwiderruflich eintritt. Während Pygmäen einer Zukunft in den Slums entgegenblicken, erfreuen sich auf der Gewinnerseite die Holzfirmen und am Ende der europäische Konsument mit seinem selbstgefälligen Wohndesign, Hauptsache das Prestige bleibt bewahrt, was kümmern da irgendwelche moralische Anmahnungen. Ja, Sie haben richtig gelesen, eine solche Ignoranz macht wütend! Wobei wir erneut bei der Forderung wären, die Nachfrage endlich zu beenden. Leichter gesagt als getan, aber ohne Aufklärung und somit ständiges Hinweisen wird ein Wachrütteln nicht stattfinden. Jeder kann ein Stückweit mit dazu beitragen.

“Ich muss völlig betäubt sein, um die Welt zu ertragen, die wir geschaffen haben. Wenn ich mich jetzt zurückziehe, wenn ich hinaus in die Natur gehe und mich beruhige, dann kann ich in meiner Welt sein. Und wenn ich in meiner Welt bin, dann weiß ich im tiefsten Innersten meiner Seele, dass wir aufhören müssen, sie zu zerstören.” (Anne Wilson Schaef)

Ihr

Lotar Martin Kamm

**Aus Kindersicht: Warum habt ihr keine Zeit für uns?**

“Hektik bestimmt den Alltag, wobei stets alles unter diesem ewigen Zeitdruck zu leiden hat. Abends wurde es mal wieder sehr spät, der Fernseher lief wie immer und aufräumen war einfach nicht mehr drin. Und wieso hat Lotte meinen PC einfach ausgeschaltet, da hatte sich überhaupt kein Gewitter angekündigt, um dies zu rechtfertigen. Mußte denn Mama ausgerechnet meine Comics entdecken, die ich so mühsam vor ihren prüfenden Augen versteckt?“, sinnierte Jonas, versuchte sich die ollen Turnschuhe zu binden, unterließ es aber schließlich und spurtete los, der Bus war bereits im Begriff, ohne ihn gen Schule zu fahren.

Die Welt gestaltet sich in ein unübersehbares Chaos voller Zukunftsängste, wobei selbst dafür nicht genug Spielraum vorhanden, darüber sich erschöpfend Gedanken zu machen. Und überhaupt, aus Kindersicht stellt sich immer öfter die Frage: Warum habt ihr keine Zeit für uns? Müssen alle sich dem ewigen *Run* nach Erfolg und Wohlstand recken, der eines der kostbarsten Schätze zerstört, das friedlich harmonische Zusammenleben?

**Eine Welt des Business opfert ganze Kindheitsträume**

Verbleiben wir für einen Augenblick bei Lotte und Jonas, zwei Kindern im Zentrum Europas, deren Eltern dermaßen beruflich eingespannt sind, daß ihr Tagesablauf minutengenau aufs Akribischste geplant über das Wohlergehen der Kinder bestimmt. Dabei dürfen keine unvorhergesehene Dinge geschehen, gefährden diese doch das Plangeschehen, um diesen sozialistischen Begriff einmal zu bemühen, obwohl schon Brecht eindringlich warnte, alle Pläne gingen nicht. Gleichzeitig sorgt eine alles bestimmende Reizüberflutung nicht nur für ein Zuviel an Ablenkung, sie sorgt auch dafür, daß Kindheitsträume nach hinten rücken, sich ihrer nicht mehr angenommen wird, untergehen im Strudel hektischer Betriebsamkeit. Alles dreht und reckt sich nach den Vorgaben einer

Wirtschaft, die uns einspannt, ihr zu Diensten zu sein, koste es, was es wolle, bis der Kollaps einer Gesellschaft mit viel zu hohen Erwartungen unvermeidlich eintritt.

Aber was nutzen da solche Feststellungen, können sie dennoch eine dermaßen festgefahrene Entwicklung nicht aufhalten, sie anmahnend zum Nachdenken anregen, damit wieder Zeit und wichtige Muße eingekehrt, um ein harmonisches Miteinander zu ermöglichen? Wer den Kindern die Träume vorenthält, darf nicht erwarten, daß die sich zu Erwachsenen entwickelten Menschen plötzlich im Laufe ihres Lebens dieses Manko einfach ausgleichen – ganz im Gegenteil: Therapienotstand, Single-Dasein bis hin zur Kriminalität vermitteln nur allzu deutlich die verpaßten Folgen.

**Schöne heile Welt aalglatter, herzloser Politik verhindert gesundes Umfeld**

Während die Personalwirtschaft aus ihrer Sicht, wobei das Institut der deutschen Wirtschaft Köln (IW) fleißig sich beteiligt, den rein faktischen Nutzen einer Ganztagsbetreuung für Kinder betrachtet, muß eine Gesellschaft sich dennoch kritisch die Frage stellen, was denn notwendiger sei: das Bedienen wirtschaftlicher Vorgaben oder eine intakte Familienbeziehung? Solange in diesem Staat das Einkommen in vielen Berufen ohnehin stetig real sinkt, gleichzeitig Lebenshaltungskosten fortlaufend steigen, braucht man sich nicht zu wundern, daß auch ganze Familien „notversorgt" diesem Prozess sich unterzuordnen haben. Selbst die oftmals herbeizitierte Bundesministerin Ursula von der Leyen, die locker flockig leicht ihr „gemeistertes" Kinderversorgungsfamilienidyll hochhält, muß sich die Frage stellen lassen, was die eigenen Kinder denn von Mama letztlich gehabt haben sollen. Außer einer soliden Betreuung und Polit-Promi-Bonus bleibt da nicht viel übrig. Was geschieht mit all denjenigen, die mal nicht nonchalant über solche Möglichkeiten verfügen und ständig in Existenzsorgen den Alltag mehr schlecht als recht bewältigen können? Außer sich anhören zu müssen, wie simpel Staat denn helfe, ein gaffendes Umfeld sie be- und verurteilt bei „Pleiten, Pech und Pannen“, verbleibt lediglich das besagte Chaos zerstörter Familienverhältnisse. Dann darf ja mit erhobenem Zeigefinger an das Vorzeige-Paradebeispiel von der Leyen verwiesen werden. Nein, so einfach darf sich Gesellschaft und vor allem Politik das eben nicht machen!

Schließen wir den Kreis und stellen fest: Kindheitsträume unerwünscht, was ist schon Zeit, die kann man schließlich nachholen, wenn man sich nur genug anstrengt und bemüht. Was ganze Generationen täglich unter Beweis stellen, wie gut doch alles funktioniert, darf nicht angezweifelt werden, Kritik unerwünscht. Und wenn schon, dann wird sie schnellstens kleingeredet, geht unter im Geschrei und Getöse lauter Argumente, die allesamt eines übersehen: die völlig normalen Bedürfnisse des Menschen. Doch die haben sich den Vorgaben einer Mehrheit unterzuordnen, die wiederum mehrheitlich bedenkenlos die einmal geschickt installierten Systeme angenommen und für gut befunden haben.

Ihr

Lotar Martin Kamm

**Stich ins Herz: Wo ist das gesellschaftliche Ehrgefühl geblieben?**

Manche Themen erweisen sich als dermaßen komplex, dass verschiedene Zusammenhänge mithilfe des anerzogenen, industriellen Sachverstandes nicht mehr erläutert werden können, weil jedwede emotionale Sichtweise gänzlich ausgeschlossen wird. Die heutige Gesellschaftskultur empfindet es oftmals als hinderlich, gewisse Lebensabläufe zu hinterfragen.

Zweifelsohne ist gesellschaftliches Ehrgefühl ein solches Thema. Warum noch Werten wie Aufrichtigkeit, Ehrlichkeit, Loyalität sowie Freiheit Beachtung schenken, wenn Staatssysteme in Form festgeschriebener Gesetze alle Lebensabläufe für Bürger regeln? Nun, wer ohne Rücksicht auf Verluste über „Leichen" hinweg durchs Leben gehen möchte, mag diesem irrationalen gesellschaftlichen Systemrhythmus weiterhin verfallen. Doch sollte ein jeder Mensch bedenken; der Preis für derartige gesellschaftliche Mechanismen übersteigt sämtliche Vorstellungskräfte. Neben dem Verlust des eigenen Ehrgefühls, dem Eintausch der Freiheit gegen staatliche Sicherheitsvorgabe sowie die Zunahme eigener, innerer Depressionen, aufgrund fehlender charakterlicher Stärke, schadet man andere Mitmenschen, sorgt bei diesen für Narben, welche mitunter nie mehr gänzlich heilen.

Wo liegt hier die eigentliche Querverbindung? Im zweiten Hinterzimmer, wo zwei Türen hinter einem Nebelschleier zu finden: die eine führt zur menschlichen, ergänzenden Vernunft, die andere direkt in jenes kalte Konstrukt, was gegenwärtig erkennbar. Jeder ist sich selbst der Nächste, nur der Starke überlebt. Hätte Gott gewollt, dass Menschen fortlaufend einzig „ihren Interessen" folge leisten, wäre Planet Erde leer, alle würden inmitten von Glaskäfigen irgendwo im All umherirren. Fakt ist allerdings: So ist es zum Glück nicht. Alle Menschen sind miteinander verbunden. Ungeschriebene Naturgesetze stellen weitere Verbindungen her zwischen anderen Lebewesen, dem Menschen sowie unserer Erde. Also kommt Mensch keinesfalls daran vorbei, endlich natürliche Elemente anzunehmen, anstatt kontinuierlich abzuweisen, was zur Lebenserhaltung erforderlich.

**Gedemütigt – Narben die nie mehr verheilen**

Besonders prekär in diesem Zusammenhang: die Zunahme gegenseitiger Demütigungen, ausgehend vom Bildungssystem, was über Jugendzeiten hinweg direkt im eigenen Beziehungs- bzw. Familienleben mündet. Betrachten wir alle Zusammenhänge einfach einmal anhand einer realen Lebensgeschichte. Anfang der 90er Jahre kam ein kleiner Junge in die Schule, freute sich auf die Welt des vielfältigen Wissens. Bereits im Grundschulalter musste dieser Junge jedoch feststellen, in was für einem Kreislauf er gefangen war, denn kreative Gedankengänge wurden von Pädagogen als Schwäche angesehen, ebenso seine ruhige, zurückgezogene Art. Anstatt freie Wissensneugier, individuelle Talente ausgiebig zu fördern, versuchten Erzieher, immer wieder ihn einzugliedern. Der eiserne Willen des Jungen sorgte für extremes Lehrer-Schüler-Mobbing. Mal beleidigten ihn Mitschüler, dann hatten Lehrer etwas auszusetzen – „er solle sich integrieren, sei keinesfalls teamfähig". Integrieren bedeutet bei Systempädagogen: dem Ruf der Masse folgen. Immer wieder ging der Junge zur Schulleitung, um körperliche Angriffe zu melden und erntete Gelächter von angeblichen Erziehern. Dann kam die weiterführende Schulzeit. Da er weiterhin ruhig, nahmen gewalttätige Übergriffe stetig zu, ebenso seelische Tritte. Als eines Tages, im Alter von 11 Jahren, dieser Junge gegen eine Eisenstange geschmissen wurde, folglich weinte, sagte der Klassenlehrer nur zum Vater: „Ihr Sohn ist ja komisch, der hat geweint wegen so einer Kleinigkeit, er soll sich endlich wehren." Aufforderung zur Gewalt durch einen Pädagogen, ja, Sie lesen richtig. Infolgedessen merkte der besagte Schüler, dass ihm tatsächlich nichts anderes übrig blieb, woraufhin er wie ein Besessener mehrmals wöchentlich am Kampfsportunterricht teilnahm, selbst zu Hause weiter trainierte.

Einige Jahre später trieben es Mitschüler so weit, dass er mit voller Härte zurückgeschlagen hatte und dafür von der Schule fliegen sollte, obwohl sein Klassenlehrer sagte, „wehr dich". Ihm war klar: Er ist als Prügelknabe auserwählt, der durch Beine kriechen musste, sich nicht wehren durfte, sowie 10 Jahre lang täglichen Beleidigungen ausgesetzt wurde. Trotzdem ging er friedlich seinen Weg, aber die Narben bleiben ein Leben lang, ebenso stille Schreie, ein jeden Tag. Der Bildungsabschluss ist eines der größten Erpressungsmittel des Systems.

**Outlaw – aus Sehnsucht nach aufrechten Zusammenhalt**

Wen wundert es da noch, wenn Menschen kein Vertrauen mehr in Gesetze haben, zu Outlaws werden, um in der letzten noch aufrechten Gemeinschaft endlich wieder als Einheit etwas zu bewegen? Wo waren die staatlichen Gesetze, um diesen Jungen zu schützen? Wo haben sie Gewalt verhindert? Wo ist bis dato das Ehrgefühl geblieben, das Erniedrigung bereits im Ansatz unterbindet? Warum gibt es kaum noch langjährige Beziehungen, Loyalität gegenüber dem Lebenspartner, der Lebenspartnerin? Nirgends. Im Gegenteil, dank diverser Gesetze legitimiert das System seelische Gewalt, schnelle „Nummern", gefühlskalte Oberflächlichkeit, raubt freien Menschen ihre Würde. Selbstbestimmung? Eine Farce, vielleicht im politischen Märchenbuch stehend, im realen Leben generell bedeutungslos, dank herrschendem System und Menschen, die danach leben.

Ich schließe mit einem eigenen Zitat:

Stiche im Herzen, ausgelöst durch Gedankenlosigkeit der Masse, führen weiter zur inneren Prägung. Fluch oder Segen? Beides in einem, stets der Freiheit ergeben.

Ihr Joachim Sondern

**Kriegseinsätze: Die Geschäfte mit Privatarmeen – eiskalt kalkuliert neben all dem Leid**

Die Sehnsucht nach einem friedlichen Leben begleitet uns tiefverwurzelt, vielleicht gerade deshalb, weil so wahnsinnig viel Leid wir über die nachlesbare Historie der Kriege erfahren mußten bis hinein in unsere Gegenwart, wo weltweit kriegerische Konflikte herrschen.

Niemand kann sich diesen schrecklichen Ereignissen ernsthaft entziehen, zumal jederzeit wir selbst morgen schon als Betroffene in den Fokus sich verselbstständigenden, kriegerischen Handlungen rücken können. Doch sind es nicht nur die staatlich legitimierten Armeen, die in Kriegseinsätzen involviert sind, sondern darüber hinaus florieren die Geschäfte mit Privatarmeen, die eiskalt kalkuliert neben all dem Leid in einer gefährlichen Grauzone agieren.

**Nach dem 09/11 begann der Boom der sogenannten privaten Militärunternehmen**

Die bis heute in Frage zu stellende Antwort zum 09/11, der *War on Terorism*, war gleichzeitig auch der Startschuß, private Armeen, die schon längst in den 1990iger Jahren eingesetzt wurden, viel vehementer zu fördern und weltweit einzusetzen, allen voran die USA. Man darf sich somit nicht wundern, daß selbst die UNO keine Probleme damit hat, solche PMCs, Private Military Contractors, in ihre Dienste zu stellen.

Hatte bereits vor drei Jahren der Europarat vor dem Söldner-Boom eindringlich gewarnt, kam er in seiner Resolution zu dem Ergebnis, daß PMSCs (private military and/or security companies) viel eher Menschenrechtsverletzungen begehen als reguläre Streitkräfte. Und wer die Gesetzmäßigkeit von wirtschaftlichen Zusammenhängen kennt, weiß nur zu genau, daß jedes Business von Angebot und Nachfrage floriert. Und dies wiederum bedeutet, wo keine Kriege, Bürgerkriege vorhanden, schafft man sich eben welche mit der jeweiligen Politik der Länder, der Korruption wird Vorschub geleistet, eine gefährliche Grauzone darf sich ohne klare Grenzen vergrößern. Somit führen solche Dienste keineswegs zum Frieden, sondern begünstigen viel eher Gewalteskalationen mit all ihren häßlichen Begleiterscheinungen ganz besonders für die Zivilbevölkerungen.

**Die USA letztlich ein Garant für Kriege und somit eine Kriegsnation par excellence?**

Während schon vollkommen deutlich die Buergerstimme jetzt im Juni den Nordatlantik an den politischen Pranger stellte, an dessen Spitze ganz besonders die USA die Schreckensbilanz der weltweiten Kriege seit 1945 zu verantworten hat, kennt diese Kriegsnation keinerlei Bedenken, ging von 1994 bis 2007 mit zwölf US-amerikanischen privaten Militärunternehmen 3.601 Vertragsbindungen ein, die ein Auftragsvolumen von 300 Milliarden US-Dollar beinhalteten. Und wenn man sich jetzt vergegenwärtigt, daß darüber hinaus auch Diktatoren oder Ölmultis bis hin zu jeder Privatperson sich diese PMCs oder PMSCs in ihre Dienste stellen, braucht man sich nicht zu wundern, daß Terror, Kriege und Gewalt weltweit viel eher zugenommen haben. Sicherlich, jeder Krieg muß verurteilt werden, aber Soldaten sind wenigstens staatlich beaufsichtigt kontrolliert, haben sich vor internationalen Gerichten zu verantworten, wenn es überhaupt zu Anklagen kommt, aber Privatsöldner sind nur ihren Unternehmen verpflichtet und die wollen einfach weiter existieren.

**Nach Libyen jetzt Syrien ein neuer Tummelplatz für private Söldner?**

Nicht nur die Spatzen pfeifen es längst von den Dächern, unverblümt wird in die Kamera gelächelt, weil das Geschäft mit den Waffen, den Einsätzen so herrlich floriert, wenn man erstaunt die Statements des irisch-libyschen Bauunternehmers Housam Najjair liest, der auf den Seiten der Rebellen gegen

Assad jetzt kämpft, nachdem er zuvor meinte, er müsse sich am Sturm auf Gaddafis Stadtfestung in Tripolis aktiv beteiligen.

Und somit befinden wir uns mittendrin in dieser gefährlichen Grauzone, zumal gerade in Syrien die Lage unübersichtlicher kaum sein kann. In sofern haben solche Privatarmeen sehr leichtes Spiel, da niemand sie kontrolliert, sie sich nicht verantworten müssen und stets wissen, daß sie finanziell abgesichert ständig genug Aufträge erhalten. Auch dieser neue Tummelplatz stellt lediglich eine vorrübergehende Station des Mordens dar, um morgen schon woanders in der Welt unerschrocken dieses menschenverachtende Handwerk fortsetzen zu dürfen. Werden sie dann in den Iran geschickt, dem möglichen nächsten Kriegseinsatz, der von langer Hand geplant in den Schubladen kriegsgeiler Rüstungsfirmen schlummert? Wer weiß das schon genau, möglich ist alles.

Und so schließe ich heute mal mit eigenem Zitat:

"Als Kurt Tucholsky vor fast 90 Jahren sein Gedicht „Nie wieder Krieg" schrieb, da wußte er bereits, daß der Zweite Weltkrieg folgen wird. Heute stehen wir an ähnlicher Schwelle, und weiterhin verharren wir trotz all unseres Wissens, anstatt jede Kriegsabsicht schon im Ansatz zu stoppen!"

Ihr

Lotar Martin Kamm

**Weltweiter Frieden: wahre Kraft der Fantasie**

Wer erinnert sich nicht gerne an die ersten unbeschwerten Lebensjahre, in welchen der Weihnachtsmann, Elfen, Zauberwesen oder Superhelden im Herzen ihren realen Platz hatten? Als Kind forscht man, hinterfragt scheinbar unwesentliche Abläufe, sieht die Welt dank fantasievoller Fähigkeiten farbig, einzig mithilfe zufriedener Träume, freier Fantasie.

Doch schon nach einigen Jahren, meist viel zu früh, erklingen boshafte Elternstimmen. Sie erklären ihren Kindern, dass der Weihnachtsmann sowie diverse Superhelden lediglich in ihrer Fantasie existieren, keinesfalls real sind. Kurz darauf folgen erste verbale Ermahnungen, wie zum Beispiel „Kind, werde endlich erwachsen" oder „Du musst selbstständiger werden, setz Dich durch". Plötzlich dreht sich alles um reine Leistungsfaktoren, dem funktionellen Gehorsam, fernab jedweder emotionalen Prägung.

**Was unterscheidet die Realität von der Fantasie?**

Generell scheint die Menschheit so sehr abgestumpft, dass Freiheit, Frieden und Aufrichtigkeit keinen Platz mehr finden inmitten verworrener Anforderungen, welche Menschen einander auferlegen. Die emotionsfreie Realität, wie sie gern von sachlichen „Logikern" dargestellt wird, beinhaltet konsequent betrachtet weitaus mehr Unvernunft als Fantasiewelten.

Zwischen iPod und nächstem kurzweilig künstlichen Spaß verschwendet indes kaum jemand einen Gedanken daran, was Realität tatsächlich bedeutet. Es ist ja ohnehin deutlich einfacher, vorgefertigte Lebenswege anzunehmen, anstatt eigene Handschriften zu hinterlassen. Wer möchte schon gerne auffallen? Zweifelsohne führen Verhaltensmuster dieser Art immer tiefer in das emotionsleere Labyrinth hinein, auch bekannt als Geisterstadt.

Wenn Realität bedeutet, dass Menschen nach fertigen Schema funktionieren müssen, eigene Ideen gewissen Hochfinanzeliten unterliegen, keiner mehr an Träume glauben darf, dann hat die Menschheit niemals wahrhaftig gelebt, sondern fortlaufend kriegerische Zerstörungen gefrönt. Kriege beginnen, wenn heranwachsenden Generationen Fantasie untersagt wird. Nur weil über Jahrhunderte manche Sittengebräuche gelebt, müssen diese keinesfalls richtig sein. Wer Vergangenes in Gegenwärtiges transformiert, sollte keinen Wunsch nach freiheitlicher Demokratie hegen.

Weihnachtsmann ein Fantasiegebilde? Sicherlich kann niemand belegen, dass der Weihnachtsmann existiert, gegenteiliges gleichwohl ebenfalls nicht. Ähnlich mit anderen Wundern unserer Zeit. Was sagt uns das? Fakten oder Realitäten existieren, weil Menschen daran glauben, in Wahrheit gilt hingegen: „Alles ist relativ“. Der Weihnachtsmann kann ergo tatsächlich an Weihnachten über Dächer fliegen, dort Halt machen, wo Menschen wirklich an ihn glauben. Superhelden ebenso. Die Menschheit muss endlich aufhören, etwas abzulehnen, was deren Sinne nicht wahrnehmen, schließlich ist kein Lebewesen perfekt. Gesundheit, Ergeiz, Zufriedenheit, Liebe, Romantik, Verständnis, Ehrlichkeit entstehen einzig aus Fantasie, der Kunst des freien Träumens. Fantasie hat weitaus stärkeren Einfluss auf das Lebens selbst als irrationale Realitätsvorstellungen, die mitunter seit Jahrhunderten Leid und Elend erschaffen.

## Der Wunschtraum vom weltweiten Frieden

Infolgedessen ermöglicht weltweiten Frieden, jener, welcher Fantasiewelten erschafft, zur Traumerhaltung aller Menschen beiträgt, denn die wahre Kraft der Fantasie lehrt Bescheidenheit, einen bewusst schonenden Umgang mit natürlichen Ressourcen. Konträr dazu ist Bestandteil einer Kriegstreibergesellschaft, wer ohne nachzudenken endlos konsumiert, meint,

Lebensqualität könne über Sachwertreputation an Bedeutung erlangen. Ob Irak, Afghanistan oder einst Libyen, Kriege dienen dem Kapital. Wenn Menschen keine Tausende Liter Öl benötigen, wären Ölkriege sinnlos, um lediglich ein Beispiel aufzuzeigen. Wie kann Mensch Abstand gewinnen vom unnötigen Ressourcenverbrauch, fragen Sie sich? Ganz einfach, mittels Fantasie. Grenzenlose Vorstellungskraft schafft Wahrheit und Zufriedenheit, weil die Zeit an sich einen anderen Wert erlangt, der Mensch ergo keinerlei große Güter benötigt, bei Waldspaziergängen wieder neuartige Spiele entstehen, das Picknick an Natürlichkeit erlangt, was lange Zeit fehlte. Wollen Sie wirkliche Liebe spüren in einer Beziehung, im Leben selbst? Dann denken bzw. handeln Sie einzig aus dem Fantasiegedanken heraus. Fantasie kennt keinen Hunger, keine Armut oder künstlich erzeugte Angstsysteme, in ihr steckt Klarheit, Schaffenskraft, überdies endlos freie Gefühle.

Ich schließe mit einem Zitat von Platon:

„Niemand schafft größeres Unrecht, als der, der es in Form des Rechts begeht“

Ihr

Joachim Sondern

## Europa: Proteste – und wie geht es weiter?

Aufgrund desolater politischer Entscheidungen, welche einzig dem Wohlergehen elitärer Interessen dienlich, protestieren immer mehr Menschen in ganz Europa gegen Hochfinanzeliten. Sie wollen nicht zahlen für unverantwortliche Finanzmarktpokerspiele, sind um ihre hart aufgebaute soziale Sicherheit besorgt. Kein Wunder, denn die Lebensqualität innerhalb Europas sinkt rapide. Die Folge? Zunahme totaler Armut sowie daraus resultierende scharfe Proteste, voller Wut. Dass Bürger nach jahrelangem Schweigen nunmehr ein Ventil benötigen, um ihren Unmut kund zu tun, ist verständlich, aber keineswegs als dauerhafter Zustand über Jahre hinweg sinnvoll. Nach diversen Protesten müssen konstruktive, kreative Impulse folgen, da ansonsten der Vertrag von Lissabon Anwendung findet, demzufolge Unruhen mit Hilfe des Militärs beendet werden dürfen. Die Geschichte zeigte bereits, wohin das führte: Menschen verloren ihr Leben, alles wurde zerstört, und am Ende setzte niemand jene Veränderungsgedanken, für welchen Menschen sterben mussten, in die Tat um, prekäre Zustände blieben folglich unverändert, lediglich neue „Gewänder" entstanden.

## Wing Tsun – Wegweiser für Protestgruppen

Infolgedessen dienen Proteste in gewisser Weise dem elitären Machterhalt. Aggression wird inmitten bürgerlicher Protestgruppen oftmals mittels eingesetzter Provokateure ausgelöst, Unruhen also förmlich geschürt, um im weiteren Verlauf staatliche Gewalt zu legitimieren. Erstaunlicherweise funktioniert diese Taktik weiterhin, obwohl seit Jahrhunderten bekannt. Dazu passend unser guter alter Meister Sun Tzu:

„Der beste Weg ist es, die gegnerische Strategie zu vereiteln; der zweitbeste, dessen Verbündete anzugreifen; und der schlechteste ist der Angriff auf gegnerische Städte."

Angesichts komplexer Zusammenhänge fehlt zweifelsohne ein weiteres Puzzleteil, die 36 Strategeme.

Das 15. Strategem, eine Angriffslist, besagt:

„Den Tiger aus den Bergen locken“

Eingeschleuste Provokateure und kontinuierliche Überwachung deuten genau daraufhin. Tausende, teilweise wie in Spanien sogar Millionen Bürger, gehen raus auf die Straße, dort erwarten sie gut ausgeruhte staatliche Einheiten, welche Proteststrategien vereiteln, dank kurzen, effektiven Blitzangriffen – siehe Madrid, Verteilung der 1.400 Polizisten. Diese arten gleichwohl keinesfalls langfristig aus, noch nicht. Wie dem entgegenwirken? Nun, wer eigene Barrieren überwindet, vom alten Lehrwesen ablässt, erkennt Lebensleichtigkeit und handelt getreu natürlichen Regeln, wogegen Machtspiele jedweder Art erliegen. Wing Tsun, eine Kampfkunst, die einzig Verteidigung zum Ziel, nutzt gegnerische Angriffe, wandelt diese in eigene energische Flüsse. Lernen aus dem Kampf heraus, ohne Wut oder Has, anzunehmen was vorhanden, Künste niemals zu missbrauchen, das ist Wing Tsun.

Bruce Lee sagte einst:

„Wing Tsun ist wie ein Fluss, der ins Meer fließt. Kommen ihm Felsen oder Berge in die Quere, lässt er sich nicht aufhalten. Allen Hindernissen zum Trotz erreicht er sein Ziel – das Meer.“

Gänzlich ohne Energieverbrauch, Ungerechtigkeit in Gerechtigkeit umkehren geht keinesfalls, sagen Sie? Schlafende Schafe treiben ohnehin voller Wut, wachsame Wanderer hingegen überdenken Strategien, wenn sie auf Widerstand treffen.

## Feste der Menschlichkeit in ganz Europa

Daher sollten Basisstrukturen barrierefrei kommunizieren. Genau hier scheitern gegenwärtig sämtliche Visionsumsetzungen. Entwickler neuer Konzepte führen Konkurrenzkämpfe, versuchen Massen hinter sich zu bekommen, ähnlich den herrschenden Fürsten. Ergo geht jedwedes Vertrauen endgültig verloren, alte Modelle regieren fortlaufend. Das Problem? Die Bildung, wonach Ellenbogenmentalität vorherrscht. Anstatt gegenseitige andersartige Lernprozesse voranzutreiben, dem ganzheitlichen Korrektiv aufzuzeigen, was Kombinationen verschiedener Ideen für ein freies Potenzial besitzen, halten Initiatoren einzig an ihren Wegen fest. Was bleibt dem Volk Europas also übrig? Tanz-Flashmobs, Straßenfeste, Kinderfeste, Stadtfeste, Landesfeste. Ja, Sie haben richtig gelesen, Kunst sowie Spaß erheitert, richtig eingesetzt, die gesamte Lebensqualität. Tanz zum Beispiel kann jede Art von Emotionen verkörpern, die Welt nahezu blitzartig verändern. Stichwort Proteste: Ob eine Million Menschen demonstrieren, manchmal wütend schimpfen oder eine Million Menschen um ein Regierungsgebäude herum tanzen, Botschaften mit ganzen Körpereinsatz vermitteln, verdeutlichet schon den Unterschied. Auf solche Proteste mit Gewalt zu antworten, ist äußerst schwer, genauso wie Kontrolle darüber zu erlangen. Das System betäubt mittels Brot und Spiele, doch wenn Völker den Sinn solcher Spiele verändern, sparen Menschen ihre Energie, hinterlassen zeitgleich aber bleibende Eindrücke – selbst manch Polizist würde mitunter daraufhin seine Ausrüstung niederlegen, sich anschließen.

Ihr

Joachim Sondern

Printed by Books on Demand GmbH, Norderstedt / Germany